JN024742

羽生善治監修

# 子ども将棋入門

新装版

隆幸

駒の動かし方
戦術・囲い
詰めの基本 を
5日間で覚えることができる!

新星出版社

プロ棋士になる方法

# 将棋のプロ・名人になりたい！

## プロ棋士の世界

将棋のプロの世界には、羽生善治さんを初め現役棋士は160名以上います。プロ棋士は、将棋を指すことで、その対局料や賞金などを獲得して生活をしています。指した将棋の棋譜（記録）が各新聞社、メディアに掲載されることで多くの人々に自分の指した将棋が広がります。

現在では、リアルタイムで対局がネット中継されていて、手に汗にぎる攻防を観戦することができます。プロ棋士は将棋を指すことで、その将棋から多くの感動を世の中に伝えているのです。

## 名人になるには

誰でもすぐにプロになれるわけではありません。年少のときから修行して、まずはプロ棋士養成機関である奨励会に入会しなければなりません。全国からの小・中学生の天才といわれる子ども達が、奨励会の6級を目指して入会を希望してきます。将棋での段級は、

アマチュアとプロでは違います。この奨励会の6級に入会するためには、最低でもアマチュア四段、五段の棋力がないと入会できません。

奨励会で修行して6級～三段まであがったあと、三段リーグで戦い、半年に2名だけが新四段となって、初めてプロ棋士のスタートとなります。途中で年齢制限という関門もあって、プロになるのは狭き門となっています。

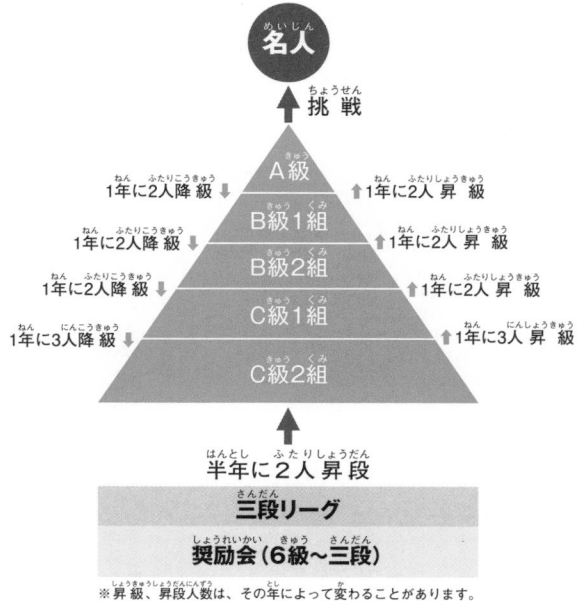


※昇級、昇段人数は、その年によって変わることがあります。

でも、藤井聡太さんのように、中学生でプロになれば、ほかの棋士と同じように活躍することができることは、将棋の大きな魅力です。

将棋は、たとえ年齢が低くても、真剣に修行を続けて努力していけば強くなれます。そして勝利を重ねていくと五段、六段、七段、八段と昇段し、最高段位は九段となります。女流棋士もプロ棋士とは別の段位があり、最高段位は六段です。

## タイトル戦

プロになると、さまざまな棋戦に参加します。そのひとつの順位戦では、C級1組～B級1組と昇級していくと、一番上のクラスのA級に入ることができます。そこで優勝すれば、ときの名人との七番勝負で名人の位を争うことができるのです。名人戦のほかにも、竜王戦、叡王戦、王位戦などの棋戦があり、これ

### 八大タイトル戦

| 棋戦名 | 開催時期 | 対局の形式 |
|---|---|---|
| 竜王戦 | 10～12月 | 2日制7番勝負<br>持ち時間各8時間 |
| 名人戦 | 4～6月 | 2日制7番勝負<br>持ち時間各9時間 |
| 叡王戦 | 3～5月 | 1日制7番勝負<br>持ち時間変則性 |
| 王位戦 | 7～9月 | 2日制7番勝負<br>持ち時間各8時間 |
| 王座戦 | 9～10月 | 1日制5番勝負<br>持ち時間各5時間 |
| 棋王戦 | 2～3月 | 1日制5番勝負<br>持ち時間各4時間 |
| 王将戦 | 1～3月 | 2日制7番勝負<br>持ち時間各8時間 |
| 棋聖戦 | 6～8月 | 1日制5番勝負<br>持ち時間各4時間 |

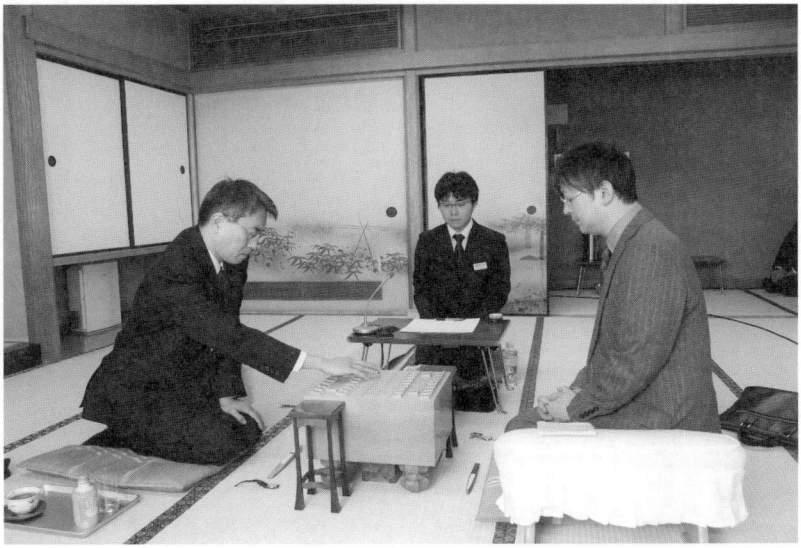

らは八大タイトルと呼ばれています。

棋戦ごとにさまざまなルールがありますが、予選を勝ち抜いたら、タイトルホルダーへの挑戦権を得て、5番勝負や7番勝負を行います。

タイトル戦は全国各地で行われますが、現地での解説のほか、最近ではインターネットでの中継もあり、気軽に楽しむことができるようになりました。また、入門者向けの将棋のゲームソフトもたくさん出てきて、だれでも将棋を始めやすくなってきています。

これから将棋を覚えようとするみなさんでも、「名人になるんだ！」という意欲があれば、名人やタイトルホルダーに登りつめることができるのです。

みなさんも、名人目指して頑張っていきましょう。

はじめに

# 将棋学園へようこそ！

みなさんこんにちは。将棋学園へようこそ！
これからみなさんを将棋の学校へご招待します。楽しみですね！
えっ？　将棋のルールを知らない？
大丈夫、大丈夫。安心してね。
まず、将棋学園では、みんなと一緒にルールから学んでいくよ。
ルールだけでなく、将棋の持っているもっと大きな力、
「将棋で身につく力」も学んでいけるようになっているよ。
そして、強くなりたい人にはなんと！
羽生善治校長先生からのアドバイスも受けられるんだ。
では、羽生校長先生を呼んでみよう！

「せーの……」
「羽生校長先生!!」
——みなさん、こんにちは！　将棋学園・校長の羽生善治です。
これからみんなを将棋学園に案内しますね。
そこの子、ちょっと不安そうだね。
でも大丈夫、安次嶺先生が優しく教えてくれるから安心してね。
では、将棋学園の教室で待っているよ！

将子と将男の2人は、今日から将棋学園の新入生です。
ちょっぴり不安な顔で登校してきましたよ。
さて、どうなるかな？　さあ、将棋学園の、始まりで～す。

将棋学園　校長　羽生善治
先生　安次嶺隆幸

もくじ

新装版 羽生善治 監修　子ども将棋入門

プロ棋士になる方法　将棋のプロ・名人になりたい！……2
はじめに　将棋学園へようこそ！……6

第0章　将棋ってどんなゲーム？

将棋ってどこからきたゲーム？……14
将棋に必要な道具……16
遊びながら将棋に親しもう！……18
将棋って、こんなゲーム……24
将棋の駒の並べ方……26
振り駒、駒の持ち方、指し方……28

1局の全体の流れと考え方……30
将棋の3つの礼❶……32
将棋の3つの礼❷……33
局後の反省会……34
将棋の3つの礼❸……35
将棋学園のルールと特徴……36

## 第1章　将棋学園第1日目

第1日目1時間目　駒の名前を覚えよう！……38
第1日目2時間目　駒の位置を覚えよう！……40
第1日目3時間目　駒を取ったり成ったりしよう！……42
第1日目4時間目　駒の動きを教えるよ！……46
第1日目5時間目　棋譜の見方を覚えよう！……54
第1日目帰りの会　将棋の基本ルールを覚えよう！……56
**コラム❶　将棋が強くなるには　強い人と対戦して自信をつける**……62

## 第2章　将棋学園第2日目


第2日目1時間目　駒を取ってみよう！……64
第2日目2時間目　駒の能力と価値を知ろう！……68
第2日目3時間目　持ち駒を打つ！……72
第2日目4時間目　王手をかけよう！……76
第2日目5時間目　玉を詰ませよう！……80
第2日目帰りの会　将棋学園小テスト①……84
コラム❷　将棋で身につく力①　相手の気持ちを考える力と責任感……86


## 第3章　将棋学園第3日目


第3日目1時間目　駒の特徴と使い方（金将・銀将）……88
第3日目2時間目　駒の特徴と使い方（桂馬・香車）……90
第3日目3時間目　駒の特徴と使い方（飛車・角行）……92
第3日目4時間目　駒の特徴と使い方（玉将）……94
第3日目5時間目　駒の効果的な使い方を教えるよ！……97

第3日目帰りの会　将棋学園小テスト②……104
コラム❸　将棋で身につく力②　考え方の基本「3手の読み」とは？……106
第4章　将棋学園第4日目
第4日目1時間目　囲いをつくろう！（矢倉囲い）……108
第4日目2時間目　囲いをつくろう！（美濃囲い）……114
第4日目3時間目　陣形の基本を覚えよう！……118
第4日目4時間目　穴熊囲い……124
第4日目5時間目　プロが使っている戦法・囲いを教えるよ！……126
第4日目帰りの会　将棋学園小テスト③……132
コラム❹　将棋で身につく力③　待つ力を養おう！……134
第5章　将棋学園第5日目
第5日目1時間目　詰みの基本……136

第5日目2時間目　攻め・詰みを覚えよう！……139
第5日目3時間目　受け・守りの基本……143
第5日目4時間目　正しい受け方を覚えよう！……146
第5日目5時間目　詰め将棋をやってみよう！……154
第5日目帰りの会　将棋学園小テスト④……160
コラム❺　詰め将棋は実戦に役立つ？　藤井聡太さんは詰め将棋で強くなった！……162

第6章　詰め将棋&修了問題　羽生善治校長先生に挑戦だ！
詰め将棋問題&解答と解説……164
修了問題&解答と解説……175
将棋学園　修了証……185
将棋用語解説……186

企画・編集・デザイン●スタジオパラム
イラスト●庄司　猛
写真提供●日本将棋連盟

# 第0章

# 将棋って どんなゲーム？

将棋学園へ入学してきた将男と将子……。もうすぐ朝礼が始まるよ！　ドキドキしながら校門をくぐりました。校庭ではたくさんの児童が将棋の遊びをしています。やまくずし、まわり将棋、はさみ将棋……。本将棋を学ぶ前に、まずは将棋の世界をみんなで見ていきましょう！

## 将棋ってどこからきたゲーム？

# ルーツは古代インドで生まれた「チャトランガ」というゲーム

### 将棋というゲームは？

将棋は、約四千年前、古代インドで遊ばれていた**チャトランガ**というゲームがルーツといわれています。盤と駒を使用して、2人～4人で遊ぶゲームだったようです。

チャトランガは世界各国に伝わり、使う道具やルールが変化していきました。西洋には**チェス**、中国には**象棋**として伝わり、日本では**将棋**となりました。

当時は、今よりもっと駒の数が多く、種類もたくさんありました。おそらく勝負がつくのには、かなりの時間がかかったと思われます。

現在の81マス、40枚の駒という形になったのは、４００～５００年前といわれています。

**チャトランガ**は、世界中のさまざまなボードゲームの祖先なのです。

長い時間を経て、それぞれの国の文化の特徴があらわれて、さまざまな色や形の違う将棋になりました。

日本の将棋は、ほかの国にはない独特のルールがあります。

それは、**取った駒を再使用できること**です。駒の再使用ができるのは、世界各国の将棋で唯一、**日本将棋だけ**です。

このことは、日本将棋を複雑にして、より面白いものにさせている大きな要因です。

将棋は、それぞれの国の風土や考え、歴史、文化が盛り込まれています。駒の再使用のルールが確立した日本の文化には、無駄なものをなるべく出さない、すべてのものを大切にする精神が受け継がれているのです。

現代でいう、「エコ」の精神が将棋にはあります。1枚1枚の駒を大切にする精神が、日本将棋には込められているのです。

# 将棋に必要な道具

# 将棋盤と駒が必須アイテム

## 将棋に必要なもの

**【将棋盤】**

将棋盤には、タテ9マス、ヨコ9マスの9×9＝81のマス目が書かれており、そのなかで戦います。戦うこと、**将棋の試合のことを対局**といいます。

プロの対局に使う将棋盤は、**榧の木**でできています。榧のほかにも、桂や銀杏の木などが使われていることもあります。

みなさんにおすすめする将棋盤は、将棋連盟で販売している折りたたみの盤や、持ち運びに便利なゴム盤がいいでしょう。

**【駒】**

駒は、**全部で8種類、40枚**あります。正式な読み方、略称、裏の文字は左の表のとおりです。

将棋の駒も木でできています。プロが対局で使っている駒の材質は、**黄楊の木**です。榧の将棋盤と黄楊の駒で「ピシリ！」と指すととてもよい音がします。

市販の駒には、人工象牙やプラスチック製の安価な駒もありますので、入門セットとして盤

## 駒の種類と名前

| 表 | 正式名 | 略称 | 裏 | 正式名 | 略称 | 枚数 |
|---|---|---|---|---|---|---|
| 玉将 王将 | 玉将（王将） | 玉（王） | | （なし） | （なし） | 1枚ずつ |
| 金将 | 金将 | 金 | | （なし） | （なし） | 4枚 |
| 銀将 | 銀将 | 銀 | 成銀 | 成銀 | （なし） | 4枚 |
| 飛車 | 飛車 | 飛 | 竜王 | 竜王 | 竜 | 2枚 |
| 角行 | 角行 | 角 | 竜馬 | 竜馬 | 馬 | 2枚 |
| 桂馬 | 桂馬 | 桂 | 成桂 | 成桂 | （なし） | 4枚 |
| 香車 | 香車 | 香 | 成香 | 成香 | （なし） | 4枚 |
| 歩兵 | 歩兵 | 歩 | と金 | と金 | と | 18枚 |

と駒が一緒になっているものを購入するといいでしょう。

**【駒台】**

盤と駒は必須の道具ですが、あると便利なのが駒台です。**駒台とは、持ち駒を置く台のこと**です。足つきの盤なら、4本足のものと1本足のものがあります。卓上用の駒台は立方体で盤の厚さよりも低いものがいいでしょう。

玉将

遊びながら将棋に親しもう！

# 将棋盤と駒を使って、いろいろな将棋遊びをやろう！

## やまくずし

やまくずしは、将棋の駒でつくられた駒の山から、駒を指で取っていくゲームです。慎重に落ち着いてやらないと、駒の山がくずれてしまいます。駒の価値を覚えながら楽しみましょう。

●使う駒……40枚全部
●遊ぶ人数……2人～5人くらいが適当

●ルール

❶将棋盤の中央に、40枚の駒が入った駒箱をそのままひっくり返して、ゆっくり駒箱を取って駒の山をつくります。

❷じゃんけんで決めた順番で、山のなかから駒を1枚選んで、1本の指を使って「カチャッ」という音をたてないように、盤の外に運び出します。

❸その駒の点数が自分の得点になります。音をたてなければ、何枚でも続けて取れます。

❹音をたてると失敗。駒をその場所に置いて指を離します。次の人の順番になります。

❺すべて駒を取り終わったら、ゲームは終了です。得点の合計が、いちばん高かった人が勝ちとなります。

★やまくずしは、集中力が必要です。慎重に音をたてずに移動させ、みんなが見ていることを意識してできたときは、達成感も味わうことができます。

## やまくずしの駒の点数

駒の種類によって点数が違うので、なるべく高い点数の駒を狙おう！

| 駒名 | 玉将（王将） | 飛車 | 角行 | 金将 | 銀将 | 桂馬 | 香車 | 歩兵 |
|---|---|---|---|---|---|---|---|---|
| 点数 | 20 | 9 | 8 | 6 | 5 | 4 | 3 | 1 |
| 枚数 | 2 | 2 | 2 | 4 | 4 | 4 | 4 | 18 |

## まわり将棋

まわり将棋は、駒と盤を使って遊ぶ、すごろくのようなものです。4枚の金将がサイコロの代わりです。駒の種類を覚えながら楽しみましょう。

●使う駒……金4枚、玉、飛、角、銀、桂、歩2枚ずつ
●遊ぶ人数……2人

●ルール

❶それぞれのスタートラインになる角のマス目に歩を置きます（図❶）。時計まわりの逆（左まわり）に進むように駒を置きます。

❷金4枚を盤の上にうまく振って（ころがして）、表が出た数だけ歩を進めます。金が盤の外に出たり、重なってしまったらやり直します。

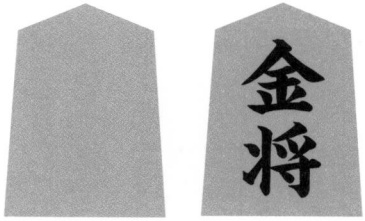


裏は進めない　表の数だけ進む

❸交互に金を盤上に振って駒を進めましょう。

❹一周して最初のマス目に戻ってきたら、歩から香に昇格します。最初のマス目を通り過ぎてもいいです。

❺香、桂、銀、角、飛、玉の順番に昇格していき、玉で一周して最初のマス目に早く到着した人の勝ちとなります。

★まわり将棋では、自分たちだけのルールを設定できます。ゲームを始める前に、みんなで独自のルールを決めて遊んでみましょう。

スタート地点

図1

| 9 | 8 | 7 | 6 | 5 | 4 | 3 | 2 | 1 | |
|---|---|---|---|---|---|---|---|---|---|
| 歩 | | | | ← | ← | 10 | 9 | 8 | 一 |
| ↓ | | | | | | | | 7 | 二 |
| ↓ | | | | | | | | 6 | 三 |
| | | | ・ | | | ・ | | 5 | 四 |
| | | | | | | | | 4 | 五 |
| | | | | | | | | 3 | 六 |
| | | | ・ | | | ・ | | 2 | 七 |
| | | | | | | | | 1 | 八 |
| | | | | | | | | 歩 | 九 |

スタート地点

隅（角）に止まったら、次の隅（角）にジャンプするとか、相手の駒が重なったら「おんぶ」して進めたり、オリジナルのルールをつくると面白いよ！

## はさみ将棋

はさみ将棋は、自分の駒を動かして、相手の駒をはさんだら相手の駒を取ることができるゲームです。相手と駒を取り合うかけひきを楽しみましょう。

●使う駒……歩18枚全部
●遊ぶ人数……2人

●ルール

❶じゃんけんで勝った方が歩、負けた方がとをそれぞれ図❶のようにに並べます。駒を並べたら、じゃんけんで勝った方から駒を動かし、ゲームスタート。

❷はさみ将棋での歩とと・の動き方は、タテヨコ自由にいくつでも動けます（図❷）。ただし、駒を飛び越えることはできません。駒をタテヨコに進めて、相手の駒をはさみましょう。

❸タテかヨコか角で相手の駒をはさんだら、その駒を盤上から取ることができます（図❸）。2枚同時に取れることもあります。

❹交互に駒を動かして、相手の駒をすべて取れば勝ち。駒をはさんで取ることから「はさみ将棋」といいます。

★はさみ将棋も昔から遊ばれています。はさみ方もタテヨコだけでなく、ナナメで取れるルールを設けるなどいろいろあります。勝敗も相手の駒をすべて取るまでではなく、「何枚取ったら勝ち」という独自のルールでやるのもいいです。

将棋盤と駒を使って楽しく遊んだあとは、本将棋の世界へ行ってみよう！

図1

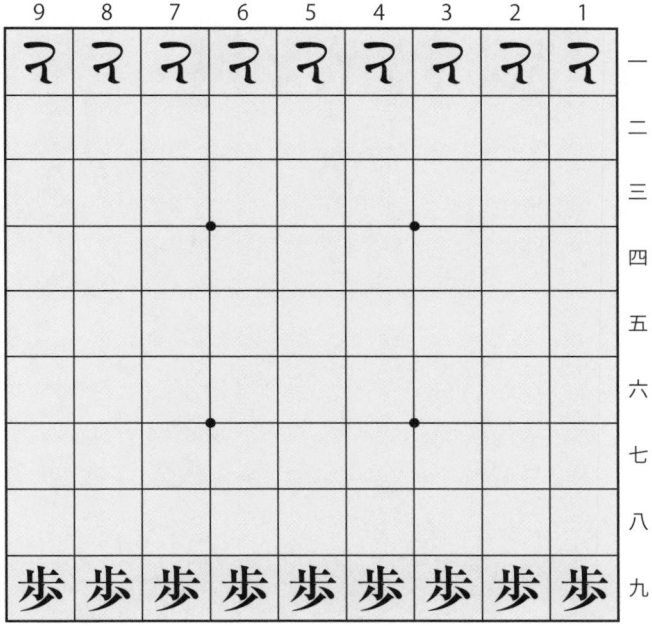
9 8 7 6 5 4 3 2 1
一 二 三 四 五 六 七 八 九

図3

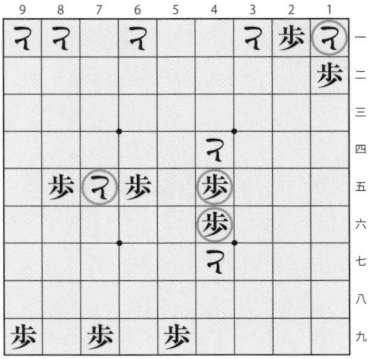
9 8 7 6 5 4 3 2 1
一 二 三 四 五 六 七 八 九

図2

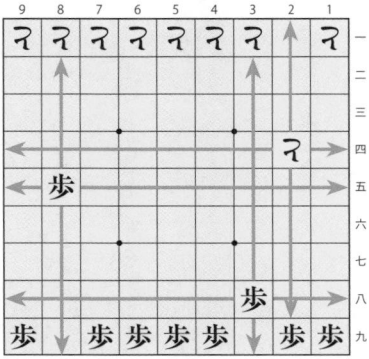
9 8 7 6 5 4 3 2 1
一 二 三 四 五 六 七 八 九

## 将棋って、こんなゲーム

# 対戦は2人。「王様を詰ませる」ことで勝敗が決まる！

### 将棋は2人で行うゲーム

将棋はどうしたら対局できるかを考えてみましょう。いくらよい盤や駒があっても、**相手がいなくては対局をすることはできません。**

将棋は、**基本的に2人で行うゲーム**です。自分と相手が交互に盤の上の駒を動かします。相手の玉を攻めていったり、自分の玉を守ったりしながらゲームを進めていきます。

実は、最近2人ペアになって行う**ペア将棋**大会も行われるようになりました。これは、チームでお互いが何手か分担して交互に指すルールで行われるものです。

### 玉をとったら勝ち？

さて、どうしたら将棋は勝敗がつくでしょうか？　多くの人が**「王様＝玉をとったら勝ち！」**と思っていることでしょう。これも間違いではないのですが、将棋は、王様を取るのではなく、**王様を詰ませる**ことが勝ちなのです。

「詰み」については、これから授業のなかで教えますが、簡単にいうと、**王様＝玉が王手をかけられて、行きどころがないとき**ということです。

詰みになったとわかった人は、自ら**「負けました」**と相手に宣言をして負けを伝えます。これを**投了**といいます。しっかりと、お辞儀をして少し悔しいけれど「負けました」と伝えることが、次の対局にきっと生きていくことでしょう。

また、詰んでいない局面でも、これ以上対局をすすめても勝ちがないと自ら判断したときにも投了することがあります。

将棋の**終局（終わり）**は、**敗者（負けた方）**が**宣言する**のです。

# 決められた位置に駒を配置する

## 将棋の駒の並べ方

玉将

### 駒の並べ方

左ページの図❶を見てください。将棋盤に**駒が40枚並んでいます**。これが本将棋の開始時の形です。五角形の形の駒の向きで、**先手20枚と後手20枚、平手**（すべての駒を使って、対等の条件で勝負すること）の場合、同じ数の駒を使って戦います。

駒はマス目のなかに、きちんと置くようにしてください。線と線の上や、交差する点に置いてはいけません。しっかりと相手の方に向けて置くことが大事です。

### 駒を並べる順番

駒の並べ方にはマナーがあります。まず、**上手の人＝（年上の人、または棋力が上の人）が相手に軽く一礼**して、駒箱からすべての駒を盤上に出します。王将を取り、自陣の下の段の中央に置きます。次に、相手＝下手の人が玉将を置きます。あとは、それぞれのペースで、1枚1枚、丁寧に左ページの下の図の順番に置いていきましょう。

これらは、昔の将棋の家元の並べ方で、プロの対局でも行われています。**大橋流と伊藤流**の2通りがあり、プロ棋士は、この駒を並べるときに、自分の気持ちを整えて、精神を集中していくのです。

図1

1 2 3 4 5 6 7 8 9
一 二 三 四 五 六 七 八 九
香 桂 銀 金 玉 金 銀 桂 香
飛 角
歩 歩 歩 歩 歩 歩 歩 歩 歩
先手 なし
自陣
歩 歩 歩 歩 歩 歩 歩 角 香
桂 銀 金 玉 金 銀 桂 香
歩 歩 歩 歩 歩 歩 歩 飛
敵陣
後手 なし

伊藤流

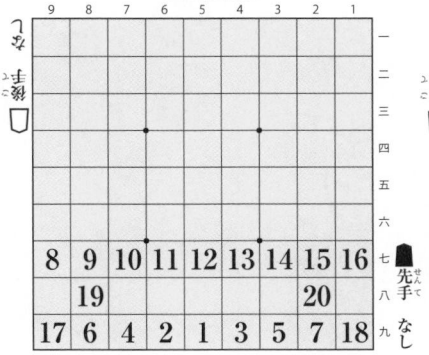
9 8 7 6 5 4 3 2 1
一 二 三 四 五 六 七 八 九
8 9 10 11 12 13 14 15 16
19 20
17 6 4 2 1 3 5 7 18
先手 なし
後手 なし

大橋流

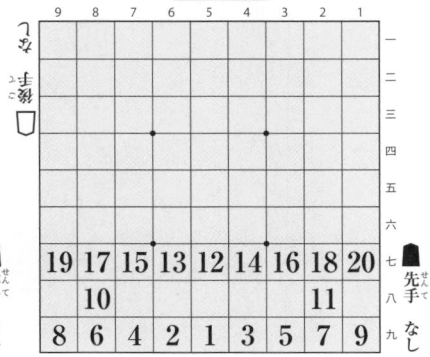
9 8 7 6 5 4 3 2 1
一 二 三 四 五 六 七 八 九
19 17 15 13 12 14 16 18 20
10 11
8 6 4 2 1 3 5 7 9
先手 なし
後手 なし

## 振り駒、駒の持ち方、指し方

# 振り駒で先手、後手を決める

### 振り駒

次は、指す順番の決め方です。**先に指す人を先手、後に指す人を後手**といいますが、どうやって決めるのでしょうか？じゃんけんですか、それとも早いもの順？　違います。

**振り駒**といって、駒を並べ終わったあとに、歩を5枚取り、手のなかで混ぜてから、盤上へ広げるのです。**表の歩の数が多ければ、振った人が先手、裏のとが多ければ、相手が先手**となります。

よくあるのですが、振った歩が立った場合は、数えないで判定をします。同じ数だったときは、もう一度振ります。

これで、先手後手が決まり、振った歩をもう一度元に戻して対局が始まるのです。

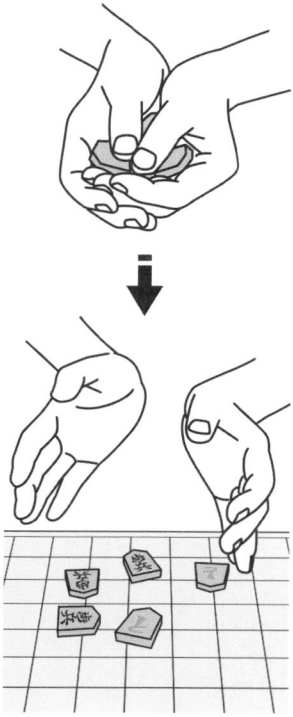

## 駒の持ち方、指し方

次は、将棋の駒の持ち方です。駒の持ち方や指し方に、決まりごとはありませんが、せっかくならかっこよく指したいですよね。

❶親指、中指、人さし指で、手つきよく駒をつまんでみましょう。

❷中指と人さし指を駒の表面、親指を裏面にして駒を持ち上げます。

❸人さし指と中指で駒をはさむように持ちかえます。

❹盤の上に「ピシ！」と置いてみましょう。

初めはなかなか難しいですが、慣れてくればできるようになります。さらに、いい姿勢で指すと気持ちが引き締まります。

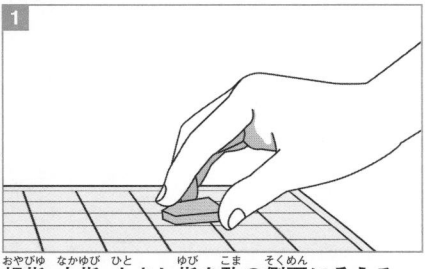

親指、中指、人さし指を駒の側面にそえる

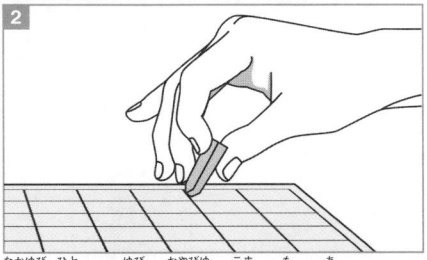

中指、人さし指と親指で駒を持ち上げる

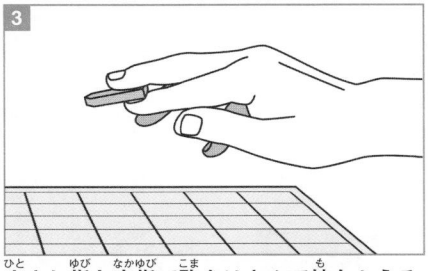

人さし指と中指で駒をはさんで持ちかえる

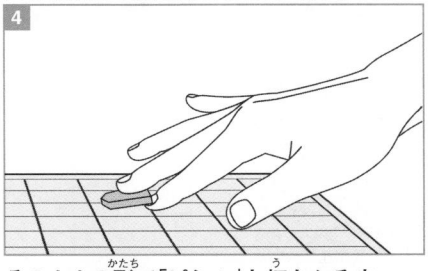

そのままの形で「ピシ！」と打ちおろす

玉将

# 1局の全体の流れと考え方

## 序盤、中盤、終盤のイメージ

将棋は玉を詰ませた方が勝ちということは説明しました。対局開始からどちらかの玉が詰むまでが1局ですが、1局のなかでの流れは、3つに分けることができます。

戦いの準備段階を**序盤**、戦いの最中を**中盤**、どちらかの玉が詰みそうになったら**終盤**と考えるといいでしょう。

### 序盤

これは、戦いやすい位置に駒を配置する**駒組みの段階**です。

**駒を並べ終わった形を初形**といいますが、初手から数十手は、駒組みの場合が多いです。

この段階では、**自陣の玉の強化**（囲い）と、飛や角の大駒を攻めに使うため**小駒（金、銀、桂、香、歩）の配置**を築くことが第一となります。

## 中盤

序盤の駒組みが終わると、次は本格的な戦いとなります。攻めたり、守ったり、駒を取ったり、取られたりと将棋のいちばん難しく、そして楽しいところです。

中盤で大切なことは、**相手の玉の方に攻める**ということと、**自分の玉の安全度をいつも見ておくこと**です。

## 終盤

序盤～中盤を経て、最後の終盤では、**相手の玉を詰める**ことが最大の目的になります。

ここでは、攻めるスピードが大切になります。自分の玉が詰まされるよりも、1手でも早く相手の玉を詰ませれば勝ちなのですから。

よくあるのが、持ち駒が駒台に山ほどあるのに、全然使わないで負けてしまうことです。持ち駒をいかに上手に使ってあげるかが、将棋の終盤には大事なのです。

将棋は1手ずつしか指せません。持ち駒の出番はさながら、野球のベンチでひかえている代打の選手かもしれません。監督のあなたは、その選手＝持ち駒の出番をうまくつくってあげることが大切なのです。

## 将棋の3つの礼❶

# 相手に敬意をあらわす「お願いします」

ここで、羽生善治校長先生のお話です。

「みなさん、今日は、将棋の**3つの礼**についてお話しします。

この将棋学園では、将棋のルールだけではなく、将棋の心、将棋の精神を学んでいきます。将棋をすることで、たくさんの学びがあります。みなさんには、将棋の勝ち負けよりも、将棋をすることで立派な人間になって欲しいと思っています。

将棋は、まず相手がいないと対局することができません。自分と同じ時間をつき合ってくれる相手に、**敬意を表する**ことが大切です。難しい言葉ですが、簡単にいうと、相手に『これからどうぞ、よろしくお願いします』という気持ちを伝えるのです。

これが最初の礼『**お願いします**』です」

## 将棋の3つの礼②

# 悔しい気持ちを受け入れる「負けました」

「将棋の最初の礼は、『**お願いします**』。では2番目の礼はなんでしょうか？

それは『**負けました**』という言葉。これは、自分の負けを認めて相手に宣言をする『**投了**』を意味します。将棋は、自らの負けを自分の意志で相手に伝えることで終わる競技なのです。

将棋は、引き分けになることもまれにもありますが、ほとんどが勝者と敗者にわかれる競技。負けを相手に伝えることは悔しいことです。でも、ここがいちばん将棋で大切なことなのです。

誰でも負けたくはないでしょう。一生懸命考えて、時間をかけてきたから、勝ちたいですよね。でも、相手も同じ時間をかけて自分に向き合ってくれていたのです。その相手に対して素直に負けを認めることで、実は『**負けました**』といった人の方が、精神的にも大きな成長をしているのです。

みなさんにも、しっかりと『**負けました**』といえる人になってほしいのです」

玉将

## 局後の反省会

# 相手と一緒に気持ちを折りたたむ反省会「感想戦」

「将棋は、投了のあとに、**感想戦**をします。**感想戦とは局後の反省会**。今の対局について、お互いが考えた手を話し合うのです。勝者も敗者も一緒になって**将棋の正着（正解）を考えます**。

感想戦をすることで、正解を知ることだけでなく、相手がどんなことを考えていたかがわかります。このことは次の自分の考えに必ずプラスになるのです。

また、感想戦のいいところは、自分の気持ちを振り返る機会となること。つい、勝ちたいという気持ちが強すぎて、あわててて指してしまったとか、時間を使わないでとっさに指してしまったとか……。さまざまなことを振り返ることがその場でできるのです。

もちろん、勝者にとっても同じくらい勉強になります。勝った喜びも大きいですが、相手に教えることで自分の力を再確認し、さらに成長できるからです。

また、次の対局に向けての意欲にもなるはずです。

将棋の基礎知識

玉将

## 将棋の3つの礼③

# 感謝を伝える「ありがとうございました」

「さて、3つの礼のお話の最後です。感想戦が終わると、駒をひとつの箱にしまいます。

これは、日本人の精神を表しています。今まで、敵と味方に分かれて戦ってきた駒たちが、ひとつの箱（家）に戻ります。

試合が終われば、お互いに相手をたたえ合い、エールを送る精神。

さて、最後の3つ目の礼がこのあとにあるのだけど、もうわかるでしょう？

そうです、駒がひとつの箱にしまわれたあとに、お互いの目を見て相手に『**ありがとうございました**』ということが最後の礼です。

しっかりと相手に感謝の気持ちを伝えたいですね。この3つの礼を忘れないでください」

# 将棋学園のルールと特徴

## 5日間で将棋ができるようになる。

将棋学園では、第1日目から第5日目まで、それぞれ5時間の授業になっています。初めて将棋をする人でも分かるようにていねいに説明してあります。帰りの会にはテストがあり、最後は、詰め将棋と修了問題で卒業です。

## 駒の動きが分かりやすい！

本文と連動させて盤面図で解説しています。動かした駒が分かるように下の図のように示してあります。

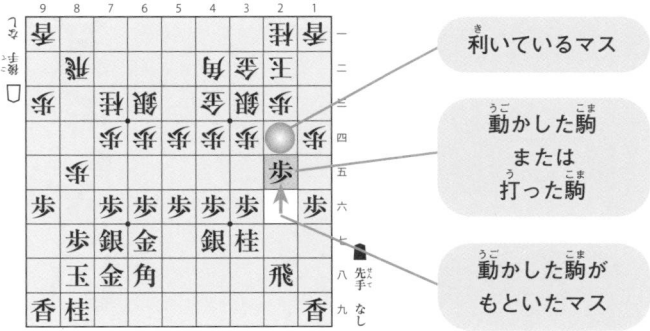


## 羽生校長のアドバイス

各授業のまとめには、羽生校長からの的確なアドバイスがあります。重要なポイントなので必ず読みましょう。

# 第1章

# 将棋学園第1日目

いよいよ教室での先生の授業が始まります。初めは駒の漢字探しから。将男も将子も声を出しながら駒の位置を覚えていきます。そして、歩だけ将棋では、成りを覚えていきましょう！

## 駒の名前を覚えよう！

# 将棋の漢字は駒といって、いろいろな性格の友達だよ

—さあみんな、ここが将棋の世界の入り口だよ。左ページの図❶を見てね！

将男「おお！　これが将棋か！　なんだが難しそうだなあ……」

—漢字がたくさん並んでいるから、そう思うのかな？

将男「先生、そうなんだ。ぼく漢字が苦手だけど大丈夫？」

—大丈夫だよ。落ち着いて、よく見てごらん。いくつの漢字があるかな？

将男「ええっと……あれ？　同じ漢字があるね。全部で8種類だけか！」

—大正解！　すごいね。そう、将棋のこの漢字は駒と呼ぶんだ。この8種類（全部で40枚）が、それぞれ性格の違った友達だと思うといいよ。では、第一関門通過！　合格だね。しっかりと声に出して、もう一度8人の駒の名前をいってみよう。

みんな「歩、飛、角、香、桂、銀、金、玉……」

**歩　飛　角　香　桂　銀　金　玉**

図1

これが将棋の初めの形
＝初形というよ

駒は8種類、ぜんぶ大切だよ！

先手と後手、お互い20枚の駒が並んでいるね。先手（先に指す人）を▲、後手（後に指す人）を△で示している。先手と後手の下に書いてある「なし」というのは、持ち駒がないことを意味している。

羽生校長のアドバイス

## 駒の位置を覚えよう！

# まずは、歩（歩兵）の駒の位置を覚えよう！

——2時間目は、前の時間の復習から！　駒は何種類だったかな？

将子「はい、8種類で～す！」

——正解！　さすがだね。では駒の位置はどこだったかな？　間違えてもいいから将棋盤の上に歩の駒を置いてごらん。みんなも一緒にやってみよう！

将子「先生！　できました」（左ページの図）

——大正解！　よくできたね。

将男「あれ、ぼくのと違うなぁ……」

——おしいんだけど、歩の並び方がちょっとだけ違うみたいだね？

将男「向きが違うのかな？」

——そうだね！　よく気づいたね。

将男「そうか、将棋は2人でやるから、向きも大事なんだね」

——そう、じゃあ直してくれるかな。

将男「はい！　やりま～す。できた！」

——正解！　**歩はとても小さい駒で、ひとつずつしか前に進めないけれど、とても大切な駒です。歩を大切にすることは将棋が強くなるコツだから覚えておいてね！**

**将子の盤面**

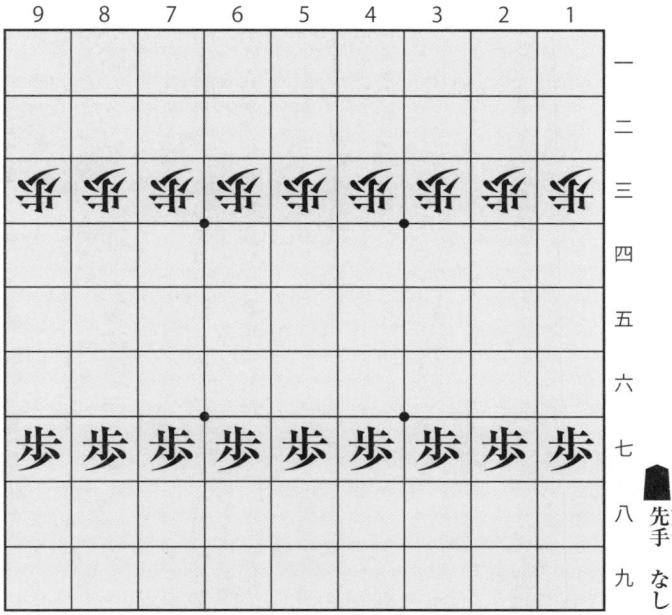


**将男の盤面**

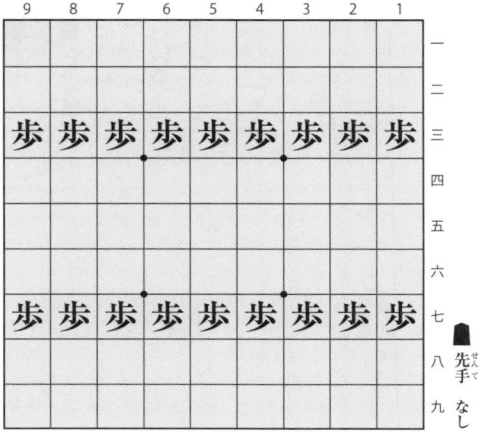


歩の駒は9＋9＝18枚ある。

「歩千金」といって、歩を大切にするといい！

# 駒を取ったり成ったりしよう！

# 歩だけ将棋で駒の動かし方、成りを覚えよう！

——歩の場所と向きはわかったね。向きで先手と後手に分かれて、1手ずつ交代で指すんだ。

将子「先生、図❶は、なんですか？」

——これはね、**歩だけ将棋**だよ！

将男「はさみ将棋かと思ったよ！」

——そう、はさみ将棋は、歩は縦と横のマスに、どこまでも動けるルールだけど、歩だけ将棋は、歩は前にひとつずつしか動けないよ。

将男「そうか、簡単だね」

——それから、もうひとつ大切なルールがあるんだ。**敵陣に入ったら歩は成れるルール**だからね。

わかるかな？

将子「**歩の裏がと金**でしたよね」

将男「敵陣ってなんだろう？」

——**これから説明するね。**

図❶にあるように、下3段が自陣（自分の陣地）、上の3段が敵陣（相手の陣地）です。自陣のいちばん前に歩を並べて、歩だけ将棋を始めます。

図❷は、歩だけ将棋を進めているところです。矢印のついている歩のように、自分の駒の1マス前に相手の駒がいるときは、自分の駒を動かすときに相手の**駒を取る**ことができます。

# 歩を動かして相手の駒を取ろう！

図1

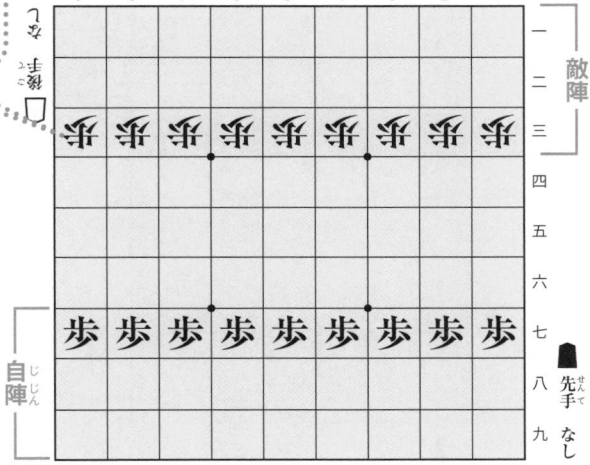


お互いに歩を9枚ずつ並べてスタート！

図2

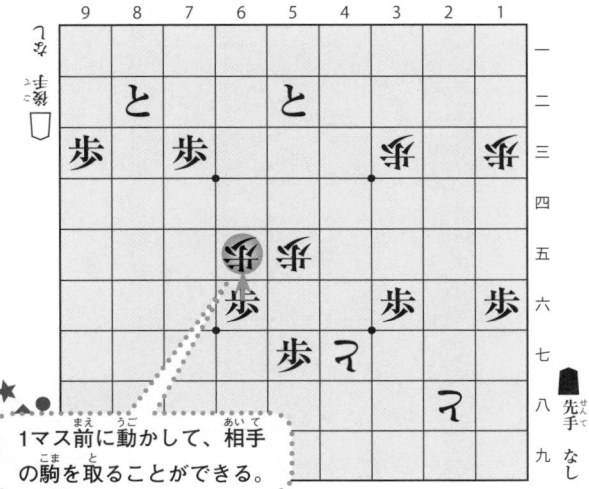


1マス前に動かして、相手の駒を取ることができる。

羽生校長のアドバイス

## 駒を成る

次に、と金について説明します。

図❸を見てください。歩は前にひとつ進めます。すると、敵陣（3段目まで）に入ることになり、と金になれるのです。これが**成る**、ということです。

と金になると、図❹のように駒の動ける場所（**利き**）が増えます。成ることで駒は、パワーアップできるのです。

こうして進めていき、相手の駒を先に全部取った方が勝ちです。

図❸

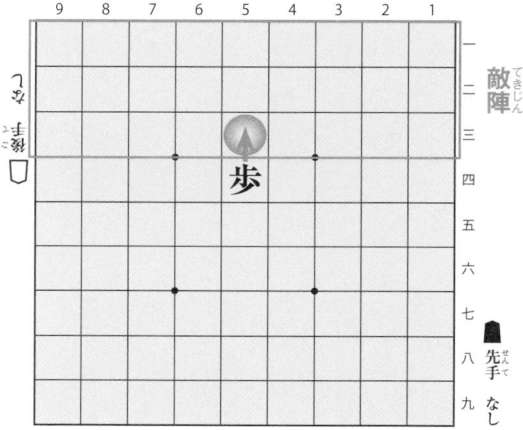


図❹

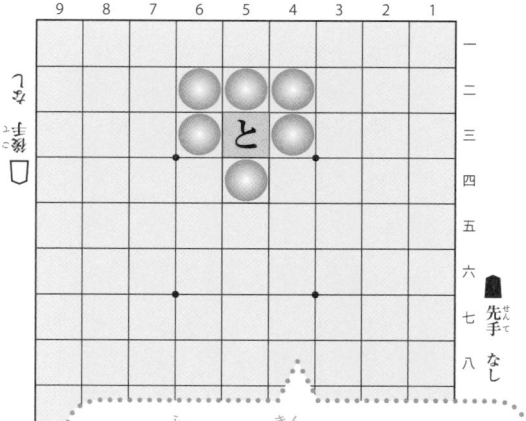


**歩からと金になると、6か所に動けるようになる!**

——早速、歩だけ将棋をやってみるかい？
将男「わあ～い。ぼく先手がいいな」
将子「ちゃんと振り駒で決めようよ」
——将子ちゃんはえらいね。
では、歩の動かし方や成り方を確認しながら、やってみよう！

**歩だけ将棋のルール**

①43ページの図❶のように駒を配置し、先手、後手を決めます。
②交互に自分の駒を動かしていって、相手の駒を取りましょう。相手の駒を全部取ったら勝ち。
③敵陣に入ると、成ってと金になれます。と金になると利きが増え、相手の駒を取れる範囲が広がります。ただし、利きに相手の駒が2つあっても、一度に2つの駒を取ることはできません。

**敵陣に入ると成れるんだ！**
**歩を成る＝と金をつくる練習をしよう！**

## 駒の動きを教えるよ！

# 駒の基本的な動かし方

# 歩・と金から始めよう

――4時間目は、歩以外の駒の動かし方を教えるよ。

日本では、将棋の駒の種類は、**宝物に由来する**といわれています。玉、金、銀は、まさしく宝物。桂は、月世界に存在するといわれる想像上の**宝木**のこと。香も**香木**より名付けられたといわれています。

そして、**歩は宝物を運搬する役目**があります。飛、角は、もしかしたら宝物をためすぎて、歩では運搬するのが難しくなったから、大きな動きが必要だったのかもしれません。

## 歩兵　略称＝歩

前に1マスずつ動かせます。8種類の駒のなかでは、いちばん数が多い。初形では陣地の境界を示し、対戦が進んでいくと、自陣の壁の役割も果たします。使い方次第で、勝敗にかかわることもあります。

## と金　略称＝と

歩が敵陣に入ると・（と金）になって、金将と同じ動きができるようになります。桂馬や香車と違って、動ける場所が増えるだけなので、成った方が絶対にいいです。

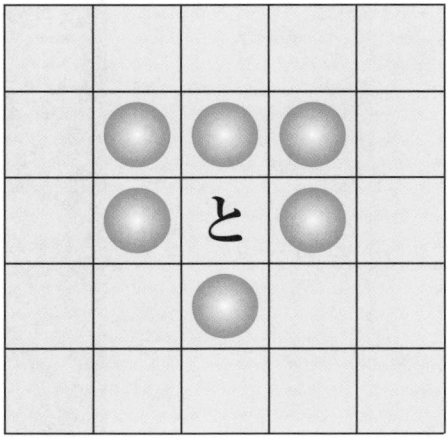

## 玉将（王将）

略称＝玉（王）

お互いに1枚ずつあります。下手の人が「玉」。上手の人が「王」を持ちます（本書では「玉」で統一しています）。縦、横、ナナメの8方向に1マスずつ動く、いちばん大切な駒。取られる＝詰められると負けになります。

## 金将

略称＝金

お互いに2枚ずつあります。前方3マスと両横、まっすぐ後ろに動けます。ナナメ後ろに右・左には動けません。守りの駒や詰めのときに活躍することが多いです。裏にして使うことはできません。金と銀をまとめて金駒といいます。

## 銀将

略称＝銀

お互いに2枚ずつあります。前方3マスとナナメ後ろ右・左に動けます（×とまっすぐと覚えておこう）。真後ろには行けません。右横、左横にも行けません。裏は成銀で、金と同じ動きになります。

## 成銀

銀の成駒で、金と同じ動きをします。成らないで（これを不成りという）、使うこともあります。一度、成銀になってしまうと、もとの銀には戻れないので注意しましょう。

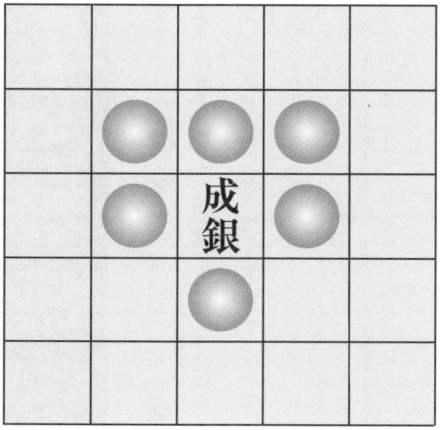

## 飛車

略称＝飛

お互いに1枚ずつあります。縦、横にどこまでも動けるのが特徴。もちろん、1マスごとでも動けます。他の駒を飛びこえて動くことはできません。攻撃の中心となって、活躍することが多いです。

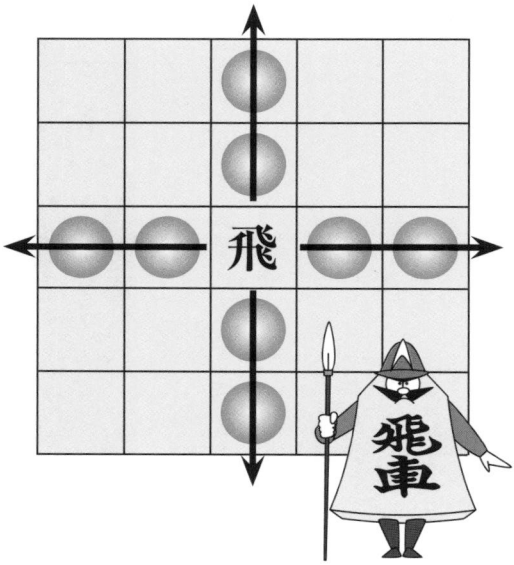


## 竜王

略称＝竜

飛車の成駒。飛車の動きに加えて、玉の動きができるようになります。攻めには最強の駒となり、敵陣で詰みに活躍します。将棋のタイトルにも「竜王位」があります。

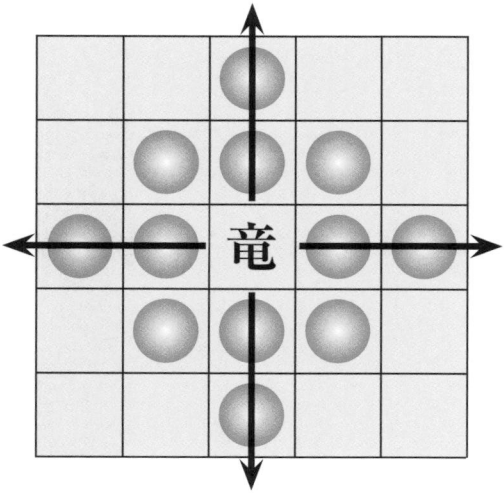

## 角行

略称＝角

お互いに1枚ずつあります。ナナメ十字、どこまでも×のマス目で動けます。もちろん、1マスごとでも動けます。攻撃で活躍することが多いです。普通は「かく」と呼びます。

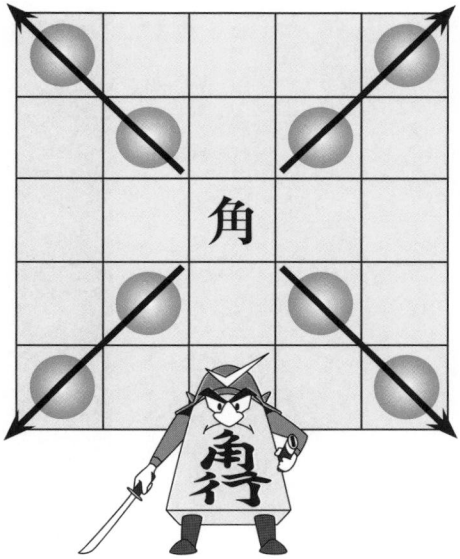


## 竜馬

略称＝馬

角行の成駒。角行の動きに加えて、玉の動きができるようになります。攻めにも強いですが、守りに引きつけると自陣がとても強固になります。「馬は自陣に引け」という格言もあります。

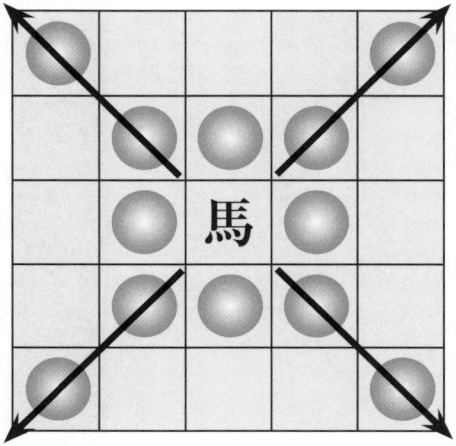

## 桂馬

略称＝桂

お互いに2枚ずつあります。変わった動きをするジャンプが得意な駒。自分の前に、味方や相手の駒があっても、それを跳び越えて前に進めるのは桂だけです。この動きを「桂が跳ねる」とか「桂を跳ぶ」といいます。

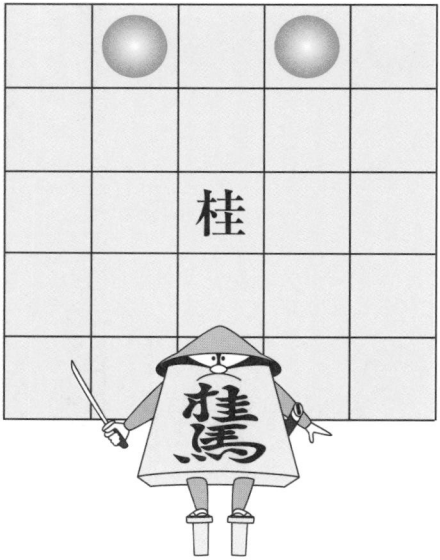


## 成桂

桂馬の成駒で金と同じ動き。桂馬は自陣から3手で相手陣地に成ることができます。相手の駒を飛び越えられる駒なので、成るか成らないで両取りをかけるかよく考えることが大切です。※

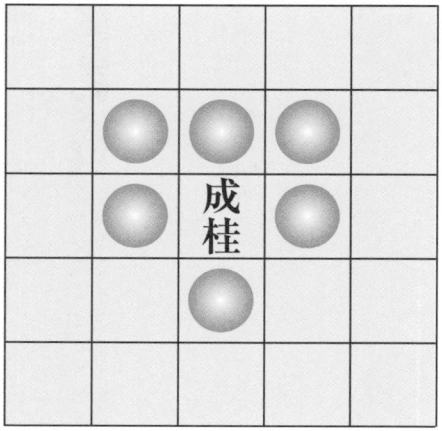


※相手の駒を同時に2枚以上取れるところに駒を置くこと。
72〜75ページで詳しく説明します。

## 香車

略称＝香

お互い2枚ずつあります。まっすぐ、どこまでも進むことができます。でも、後ろにもどることはできません。槍といういい方もします。2枚の板でも突き刺してしまうような感じから、そう呼ばれるようになりました。

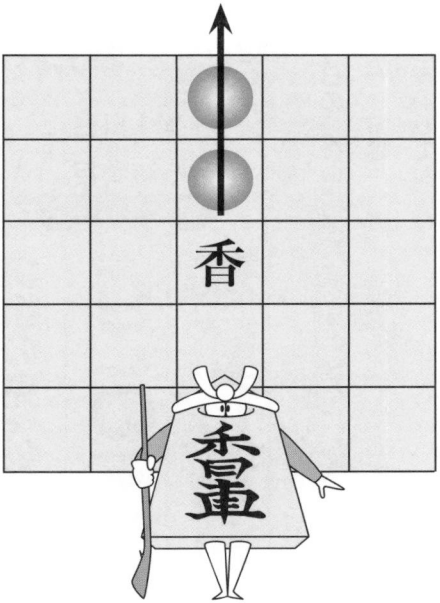


## 成香

香車の成駒で金と同じ動き。敵陣のいちばん上までいくと、動けるマス目がなくなるので、成らなければいけません。「香車は下段から打て」という格言があり、自陣からの方が動ける範囲が多く、働いているといういい方をします。

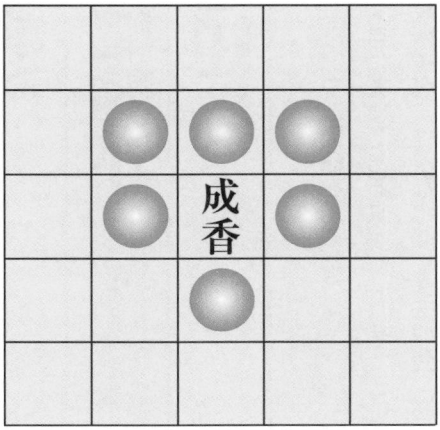

## 棋譜の見方を覚えよう！

# どこのマス目に駒が移動したかを知る

——今日の最後の授業だよ。4時間目に勉強した駒の動かし方は、一度に全部覚えなくても大丈夫だから安心してね。

将男「よかった。まだ動かし方が不安なんだ」

——実戦中にわからなくなったら、もどって動かし方を見てもいいからね。

将子「わたしはだいたい覚えたよ。将棋の駒は8種類だけど、成り駒も含めると全部で14種類になるんだね！」

——その通り！

将男「そうか、金と王将の成りはないんだね」

——そう。では図❶を見てね。

マス目に書いてある文字を「符号」といって、駒の場所を表す住所なんだ。**タテの列**（筋）と**ヨコの列**（段）の数字の組み合わせで表すよ。

この「符号」を使って棋譜（指し手の記録）をつけるんだ。プロ棋士の棋譜（指し手）もみんなこれを使っているんだよ。

図❷で、先手が飛車の前の歩を動かしたよ。これを棋譜では、左の図のように表記するんだ。

図1

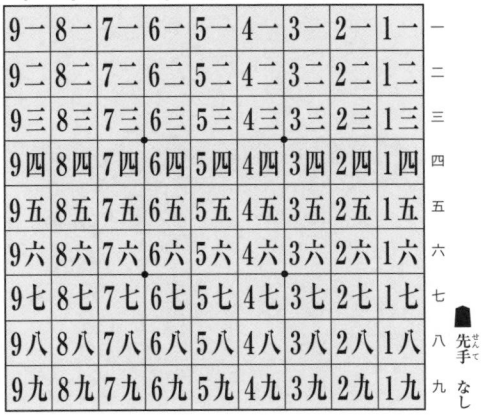


図2

先手が 2六歩 歩を動かした

2六のマス目に

駒の住所は、タテ+ヨコ+駒だよ！

羽生校長のアドバイス

## 将棋の基本ルールを覚えよう！

# やりやすいミスや反則（禁じ手）を知っておこう！

——みなさん、将棋学園の第1日目は楽しかったですか？

将子「先生、もっと将棋をやりたいで～す」

将男「ぼくも、もっと教えてよ！」

——あはは！　それはやる気があるね。でもあわてなくていいよ。基本をしっかりと学ぶことが、きっとあとから役に立つからね。でもせっかくだから、宿題を出そうかな。

将男「難しいかなあ？」

将子「やったぁ！」

——基本的なルールとやってしまいがちなミス・反則をまとめたので、読んでね。すぐに完ぺきに覚えなくても、少しずつ理解すれば大丈夫だよ。

### 将棋の基本ルール

**●駒はマス目のまんなかに**

マス目のなかに、しっかりと駒を置いてね。**ひとつのマスにひとつしか置けない**よ。

**●二手指し**

指し手は交互にします。**2手続けて指したり、パスしたりはできない**よ。

## ●行きどころのないところに駒を打つ
## 行きどころのないところに駒を動かす

図❶では、盤上の桂・香・歩は、動けるマスがありません。こういう場所に駒を打ったり、成らずに動かしたりするのは、**禁じ手**です。これを指すと負けになるから気をつけてね。

図❶

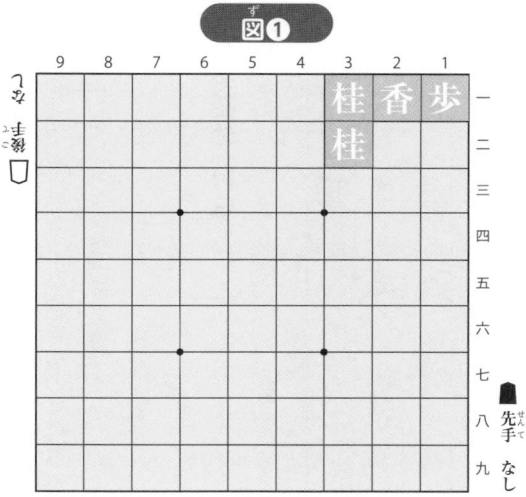


## ●二歩

**二歩**も禁じ手です。図❷の4筋※のように、同じタテ筋のマス目に自分の歩を2枚使ってはいけません。しかし、と金と歩がタテ筋にあるのはかまいません。

図❷

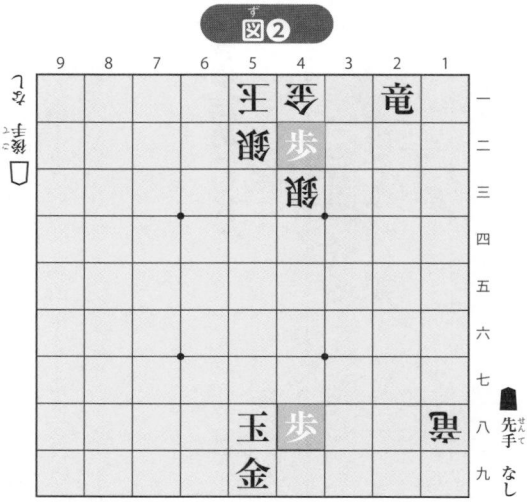


※将棋盤の縦列のこと。先手からみて、右側から1筋、2筋……9筋という。

●**打ち歩詰め**

持ち駒の歩を打って玉を詰めるのは**打ち歩詰め**（図❸—1）といって禁じ手です。

## 打ち歩詰め（NG）

図❸-1

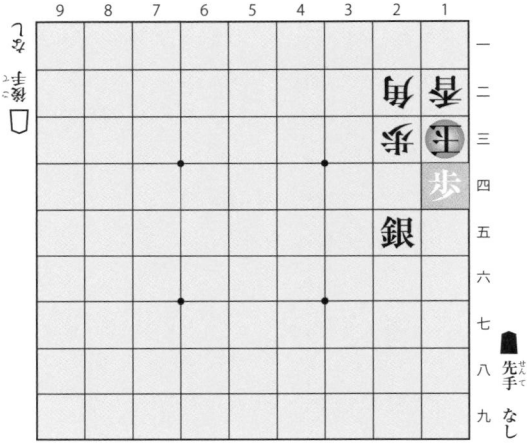


でも、盤上の歩を突いて玉を詰めるのは**突き歩詰め**（図❸—2）で、これはルール違反ではありません。

## 突き歩詰め（OK）

図❸-2

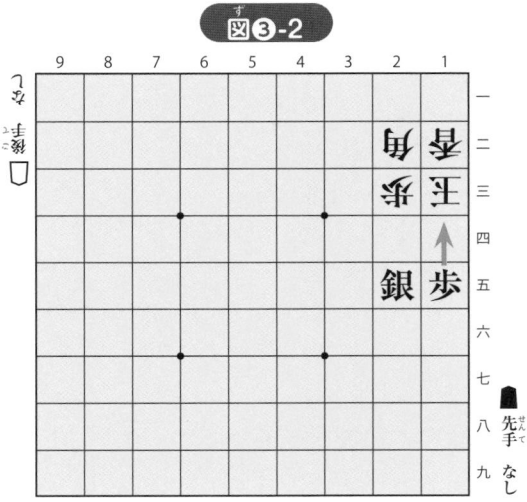

●千日手

将棋には、**引き分けということがまれにおこります**。そのひとつが**千日手**です。千日手は、指しているうちに何度も同じ局面が現れることです。図❹—1を見てください。先手が飛車を取ろうと金を打ちました。後手は、取られないように飛車を銀の横まで逃げます。そこで先手は金をひとつ左へ寄ります（図❹—2）。図❹—2から、後手は図❹—1と同じマス目に飛車を逃げます。先手もまた図❹—1と同じマス目に金を寄せます。後手は再び銀の横へ飛車を……。という繰り返しが**千日手**です。

図❹-1

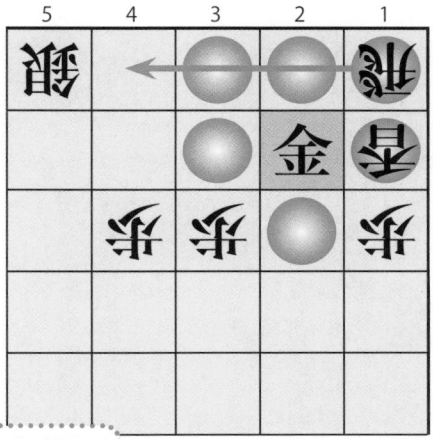


同じ局面の繰り返し

図❹-2

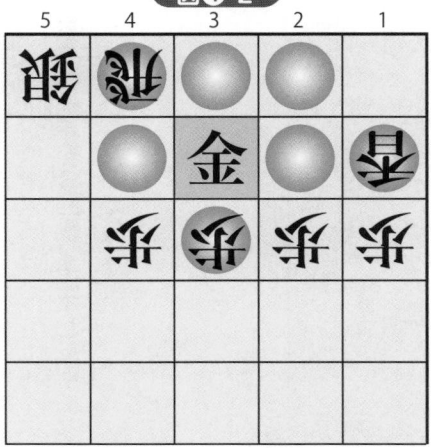


※千日手になったら、先手と後手を入れかえて指し直しましょう。ただし、攻めている方が王手をかけている場合は、手を変えなくてはなりません。

図❺—1を見てください。竜馬をナナメ右に入って王手をかければ、後手は図❺—2のように王は逃げます。図❺—2から竜馬をナナメ左下にバックして王手。すると後手は王をナナメ右上に逃げて図❺—1と戻ります。

再び竜馬の王手に王をナナメ上に……。というこの**王手の連続を3回繰り返すと反則**になり、王手をかけている先手の負けです。

図❺-1

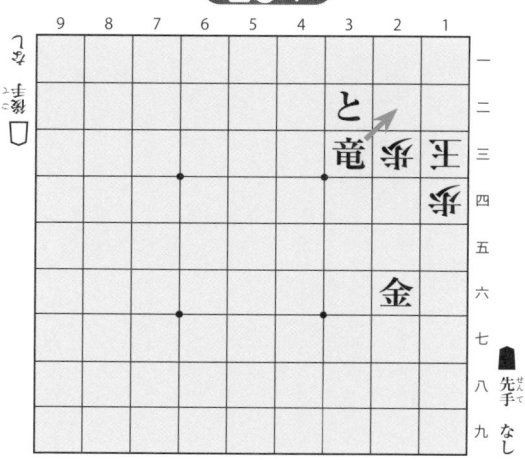


図❺-2

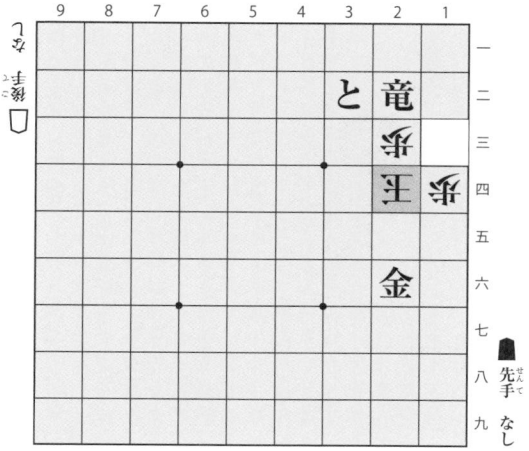

●**持将棋**

千日手のほかに、引き分けが成立するもうひとつのケースは**持将棋**です。

お互いの玉が敵陣に入って（**相入玉**という）、詰む可能性がなくなった状態です。しかし、すぐに持将棋・引き分けと決まるわけではありません。

相入玉になり、詰む可能性がなくなったら、その局面で玉以外の駒の数を数えます。

**大駒（飛・角）＝各5点**

**小駒（金・銀・桂・香・歩）＝各1点**

と点数に直し、盤上の駒と持ち駒の点数を足します。

**24点に達していない場合は、負けになります。お互いに24点以上あれば、そこで持将棋・引き分けが成立します**（玉は点数に数えない）。

例を見てみましょう。

図❻は、先手は飛車が2枚で10点、小駒が16点で合計26点。後手は角が2枚で10点、小駒が18点で合計28点。双方24点以上で、持将棋成立です。

図❻

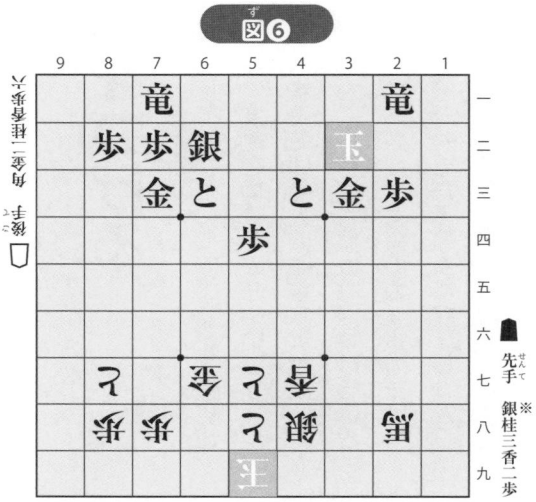


※持ち駒が銀1枚、桂3枚、香2枚、歩1枚という意味。

コラム1

## 将棋が強くなるには

# 強い人と対戦して自信をつける

羽生善治校長先生は、将棋の名人を5期以上獲得して、永世名人の資格を持っています。そんな羽生校長先生も将棋を覚えたのは、小学校2年生のときだったといいます。

初めは、近所の友達と指していたのがきっかけで、将棋道場に通うようになって、たくさんの対局を重ねながら強くなっていったのです。本を読んだり、対局の後に棋譜（記録）をつけて、反省して、次の対局にそなえました。

強い人に教えてもらいながら、実力をつけていったのです。将棋大会に出たり、友達を増やすのもいいです。誰でもすぐには名人にはなれません。

でも、将棋は、負ければ負けるほど強くなる競技。将棋の力＝棋力だけでなく、心もきたえられます。しっかりと考えることで、集中力もついてきます。強くなるには、自分より少し強い人と対局しましょう。勝ったり、負けたりしながら、自信をつけてください。名人になるには、将棋の1手1手を大切にしながら指すことが大事なのです。

# 第2章

# 将棋学園
# 第2日目

ここでは先生が駒の取り方を教えてくれるよ。
駒を取ってみよう！　駒の交換の基本点数を
教わって、次は、持ち駒の使い方を習うよ。
そして、みんなが大好きな王手をかけてみよう。

## 駒を取ってみよう！

# 駒を取ったり、取られるのが将棋の基本となる

——おはようございます。昨日はどうでしたか？

将男「ぼくね、お家に帰ってからお母さんと歩だけ将棋をやったよ」

——どうだった？

将男「と金をたくさんつくって、勝ったよ！」

——すごいね！

将子「今日は本将棋がやりたいな～」

——そうだね、今日は、本将棋をするために必要なことを説明するね。駒の基本的な動かし方は昨日教えたけど、駒が動けるマス目の範囲のことを駒の利きというんだ。

将子「利きにある相手の駒は、取れるのよね」

——その通り！　図❶を見てね。

図❶

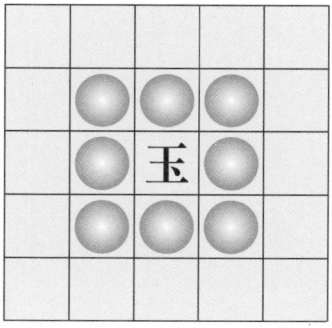

**駒を取る**

①玉の利きは●の8か所です（図❶）。この8か所に**利いています**。

②自分の駒の利きに相手の駒があるとき、自分の番であれば、その駒を取って、そのマス目に自分の駒を進めることができます（図❷）。取った駒は、自分の持ち駒になります。持ち駒は、自分の駒として再び使うことができます。

③**利きに自分の駒があるときは、そのマス目に駒を進めることはできません。自分の駒を飛び越えて進めることもできません**（図❸）。

図❷

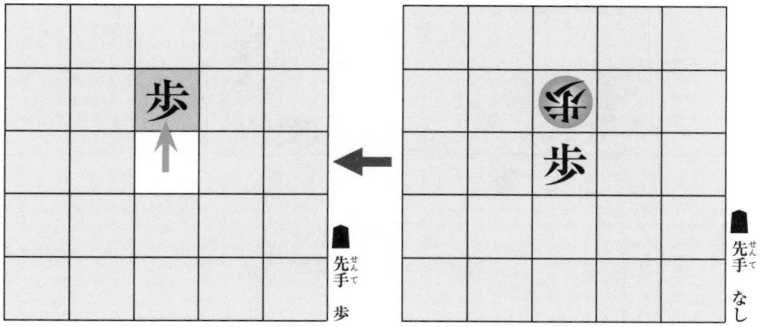


図❸

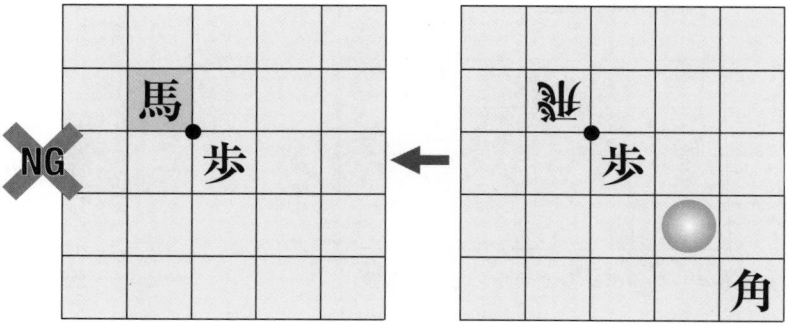

④利きにある相手の駒を、取る・取らないは自由です。しかし、1つのマス目に2枚の駒がいることはできません。おんぶは禁止。

⑤相手の駒を取るのに2つ以上取り方がある場合は、どちらで取ってもいいです。

⑥「駒を取ったり、取られたり」と考えることが将棋ではとても大切です。これを**指し手の読み**といって、考える力がつくことになるのです。

それでは例題で、駒を取ってみよう。

**例題1**

先手の飛と後手の香が向き合っています。先手番として相手の駒を取ってみてください。

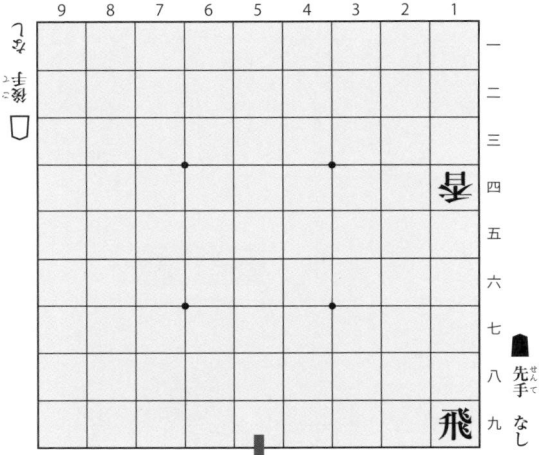


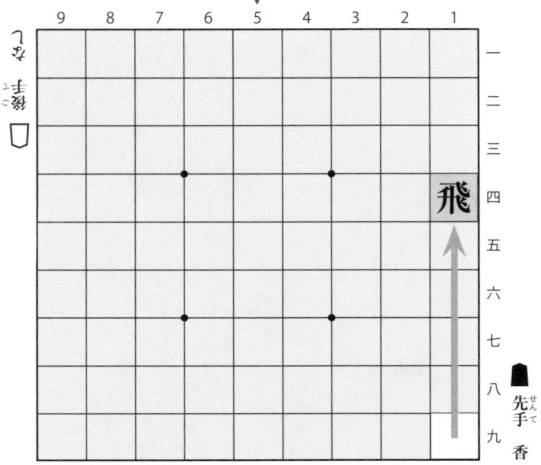


飛車が相手の香の場所に移動して、持ち駒になりました。

## 例題❷

先手の角と桂が後手の飛車を狙っている形です。
先手番として飛車を取ってみてください。

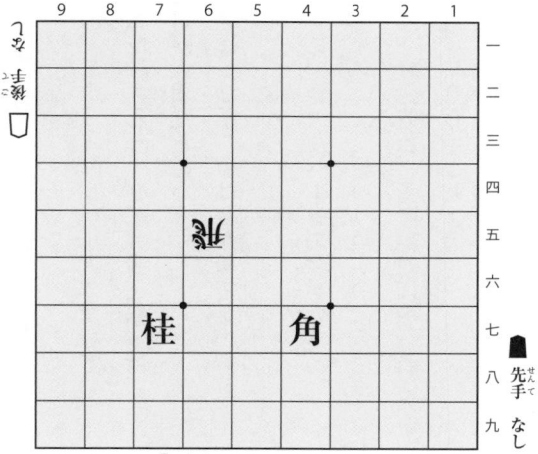


**しっかりと「読む」ことが将棋にはとても大切だよ！**

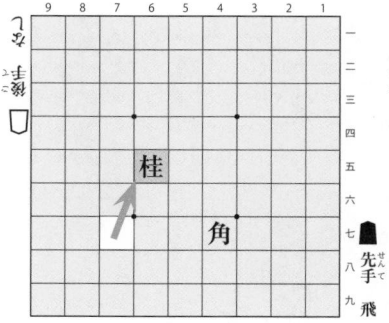


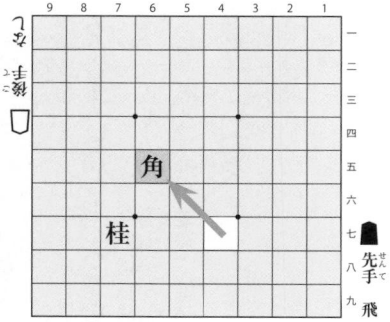


角で飛車を取っても、桂で飛車を取ってもいいです
（それぞれ持ち駒に飛車が増えました）。

## 駒の能力と価値を知ろう！

# 駒の基本レベル＝強さを点数で覚えておこう！

——2時間目は、もう一段階レベルアップして、駒の価値の基本を教えるね。さて、金と銀では、どちらの駒の方が大事だと思う？

将子「金の利きは6か所、銀は5か所で金の方が利きが多いから……金かな」

——正解！　すごいね。左ページの表を見てね。上の駒ほど価値が高いよ。分かりやすいように点数をつけたから、覚えてね。玉は絶対に取られてはいけないから、100点としよう。

将子「先生、成るとどうなるの？」

——歩、香、桂、銀は、金と同じ動きになるので、6点だけど、ボーナスポイントで＋1点で7点と覚えておくといいよ。

将男「そうか、相手に取られると、**と金は歩にもどっちゃう**からかな……」

——いいところに気づいたね！　そうなんだ。将棋には戦死者がでないんだ。常に再利用されることは話したよね。あと、飛が竜や、角が馬に成ると＋5点と覚えるといいね。

将子「竜と馬は強い駒なんだね」

## 駒の基本レベル

| 駒名 | 点数 | 駒名 | 点数 |
|---|---|---|---|
| 玉将 | 100点 | — | — |
| 飛車 | 9点 | 竜 | 9点＋5点＝14点 |
| 角行 | 8点 | 馬 | 8点＋5点＝13点 |
| 金将 | 6点 | — | — |
| 銀将 | 5点 | 成銀 | 6点＋1点＝7点 |
| 桂馬 | 4点 | 成桂 | 6点＋1点＝7点 |
| 香車 | 3点 | 成香 | 6点＋1点＝7点 |
| 歩兵 | 1点 | と金 | 6点＋1点＝7点 |

――次の問題で説明するけど、これは基本レベルなので、場面（局面）ごとに、価値が変化するのが将棋の難しさでもあり、面白さなんだ。まず、この基本レベルを覚えておくと序盤は大丈夫だよ！

### 駒損と駒得は引き算で！

①駒の損得はとても大事です。まずは基本レベルを覚えましょう。

②駒を取ったり、取られたりすることを駒の交換といいます。交換したときに、基本レベルで引き算をします。点数が高い方が**駒得**、点数が低い方を**駒損**といいます。

③ふつうは**駒得をした方が優勢**になります。駒損をしないようにしましょう。

——では、図❶を見てください。今、3一の銀で飛車と金のどちらかを取ることができるけど、どちらを取る方がいいと思う？

将男「それは、点数の高い飛車を取る方がいいに決まっているじゃないか！」

将子「ええっ。ちょっと待って。飛車を取ったら、その銀を相手の歩で取り返されちゃうよ！」

——そうだね。図❷は、先手が金の＋6点で先手の駒得です。図❸—1も金より点数の高い飛車を取っているので駒得ですが、後手にも銀を渡してしまいました（図❸—2）。つまり、飛車と銀を交換したことになるね。飛車の＋9点と銀の－5点で＋4点なので、＋5点になる金を取る方が得です。

将棋の駒の損得は、図❷のように単純にただで取れる場合と、図❸のように何かの駒を取り、それを取り返される交換の2つがあることを覚えておいてね。簡単にいうと**自分の駒の点数より相手の点数の高い駒と交換するのが、駒得になります。しかし、ときには駒損を承知で攻めなければならないときもあります。**

図❶

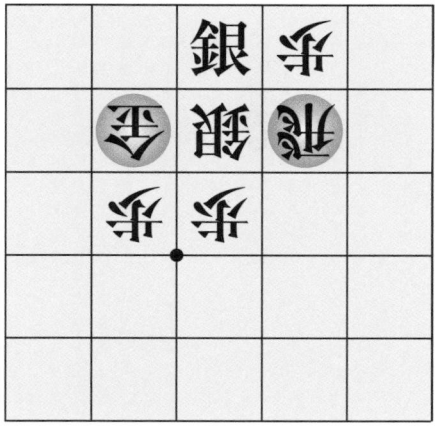

図❷

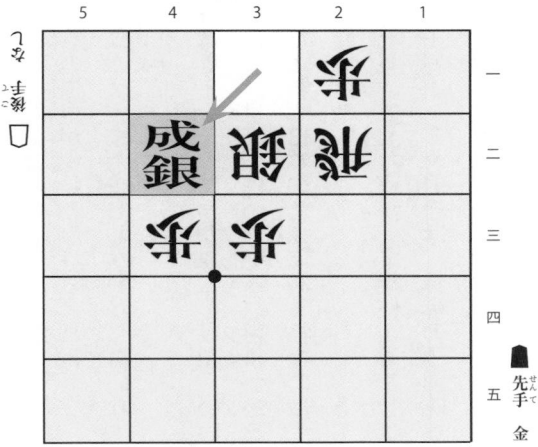


そのときに必要な駒なら、駒損でいくときもあるんだよ！

図❸-1

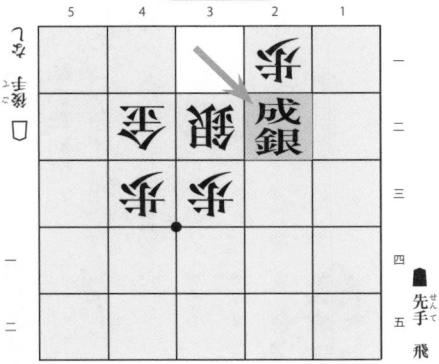


図❸-2

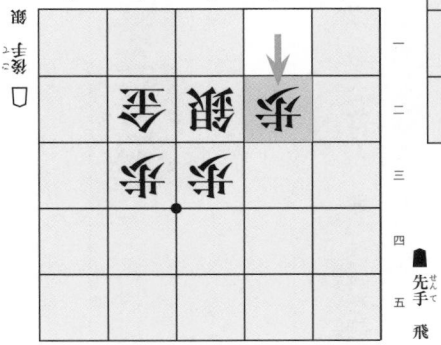

## 持ち駒を打つ！

# 持ち駒が活躍する場所をさがしてあげよう！

将子「駒の損得が少しわかってきたわ」
将男「ぼくは、まだ少ししかわからないなぁ。引き算は苦手だしな～」
——あはは……そうだったね。そうだ、いいことを教えよう。世界にはいろいろな将棋があることは学んだよね。日本の将棋にある独特のルールってなんだっけ？
将子「それは取った駒が、また使えること？」
——大正解！　3時間目は、将棋の醍醐味、駒の再利用、持ち駒を打ってみないかい？
将男「それならぼく得意だよ！」

——駒の損得の読みで教えたけど、取った駒を駒台において、**いつでも自分の手番のときに使えるのが駒の再利用だ。**
将子「今までの自分の味方が、相手の駒になって攻めてくることもあるのね！」
将男「よっしゃ、攻めるぞ！」

## 持ち駒を打つ

①持ち駒は、自分の駒や相手の駒がいないマス目に打って使います。駒がいるマス目に、重ねて打つことはできません。

②持ち駒は表（歩兵や飛車）で打ち、最初から裏（と金や竜）で打つことはできません。たとえば、相手の竜を取って持ち駒にしても、最初に打って使うときは表の飛です。

③点数の高い駒を狙って駒得を目指すときは、相手の持ち駒にも気を付けることが大切です。

④将棋は、「指す」といいますが、持ち駒を使うときは、「打つ」と表現します。

## 持ち駒がいちばん活躍する場所を考えて打とう

羽生校長のアドバイス

図❶のいちばんいい場所に角を打ってみましょう！

5五角と打ってみます。すると、玉と飛車取りの両方の狙いができました。これを**両取り**といいます。玉は取られてはいけないので、逃げるか防ぐでしょうが、飛車を取って竜馬になれます。

図❶

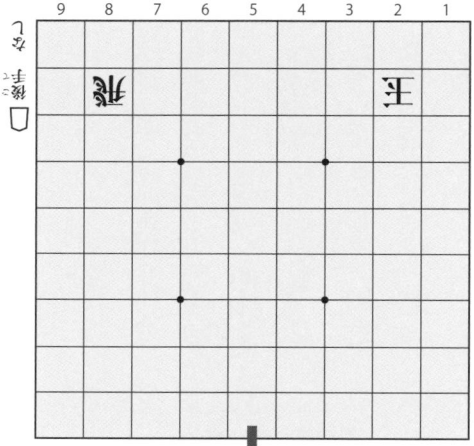


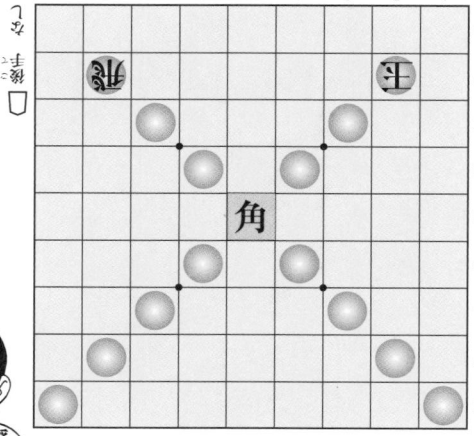

**――次の図❷で香車を打ってみました。さあどうなるでしょう。**

銀の駒得を狙って香車を打ったのですが、相手の持ち駒の歩で防がれてしまいました。持ち駒を打って敵駒を攻めると、相手は駒を取られないように防いできます。

図❷

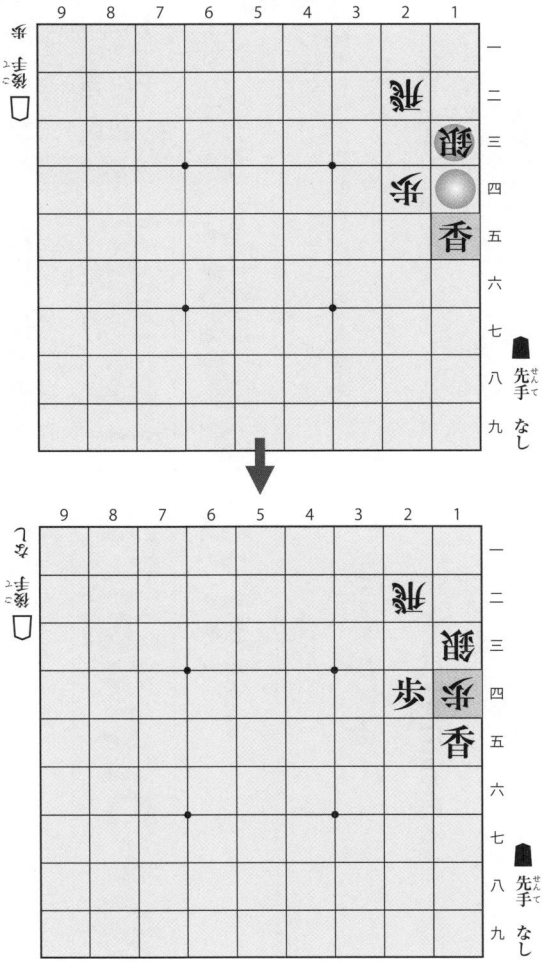


この歩のような手を**防ぎの手、守りの手**といいます。「**防ぐ**」とは、狙われた駒を取られないよう、**相手の駒の利きをさえぎったり、狙われた駒を取られても、すぐに取り返せるようにしたり、かわしたりする**ことです。

## 王手をかけよう！

# 王手は「次に玉をとりますよ」と宣言すること！

——4時間目は、王手について教えるよ！

将男「やった！　やっとぼくの得意の手がきた」

将子「将男くんは、持ち駒を持つと、王手、王手っていつも大声でいいながら打つよね」

——そうか、得意の手を持っているのはいいけれど、将棋の格言には「王手は追う手」といって、むやみに王手をして、どんどん王様を逃がしてしまうという言葉があるから、気をつけてね。

将男「そうなんだぁ～」

将子「先生、『王手』っていわないといけないの？」

——では、少しずつ王手について教えるね。

### 王手をかける

①王手とは**「次に玉を取るぞ」**という手です。

②相手の王手に対し、これを防がないで、ほかの手を指すと負けになります。

③王手を防ぐには、

- **王手をかけている相手の駒を取る**
- **玉をかわす（逃げる）**
- **玉以外の駒を動かすか、持ち駒を打って、相手の駒の利きをさえぎる（これを合駒をするという）**

・**逆王手をかける**
の方法があります。最後の逆王手は少し難しいので、今はわからなくても大丈夫です。

④**王手をかけるときに「王手」と口でいう必要はありません。**

⑤王手がかからないよう、あらかじめ**玉を金・銀などで囲ってから、戦いを始める方が安全**です。

――では、図でいろいろな王手の例を教えるね。

図❶は金駒を使った王手

図❶

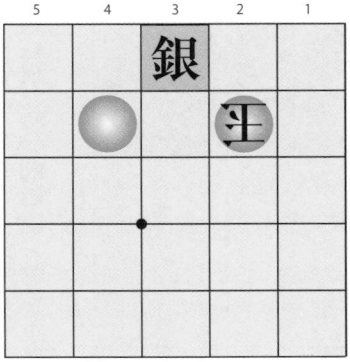


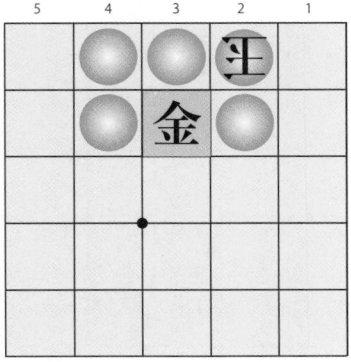


金駒（金と銀のこと）を使った王手の例です。次の動きで玉を取ることができますので、相手は王手を防がなくてはなりません。

## 図❷は飛び駒による王手

図❷

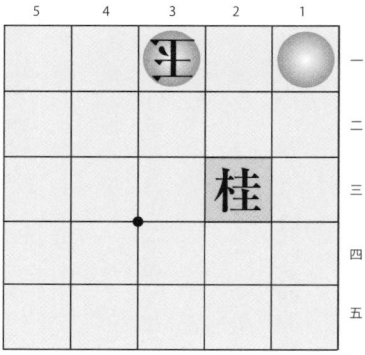


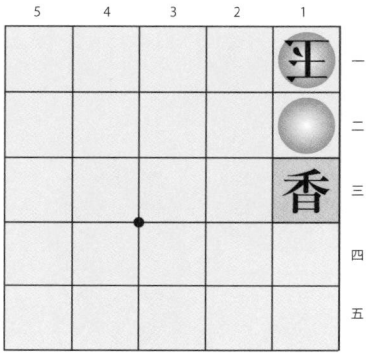


飛び駒（香と桂）の王手の例です。はなれていても王手になっていることを確認してください。

## 図❸は成り駒、図❹は大駒による王手

図❹

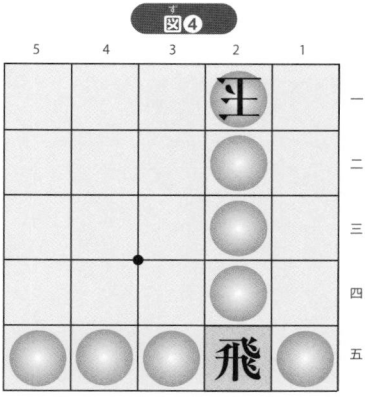


大駒の飛による王手。遠くから王様を狙っています。大駒の利きには気をつけましょう。

図❸

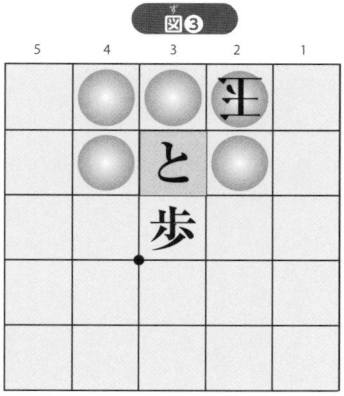


成り駒による王手。金と同じ動きで次に王を取ることができます。

——次の問題はどうかな？（図❺）

将男「わぁ！　これは大変だ！　王様が埋もれている！」

将子「わかったわ。あの駒を使うといいんだね！」

将男「…ええっと……。そうか2三桂か！」

図❺

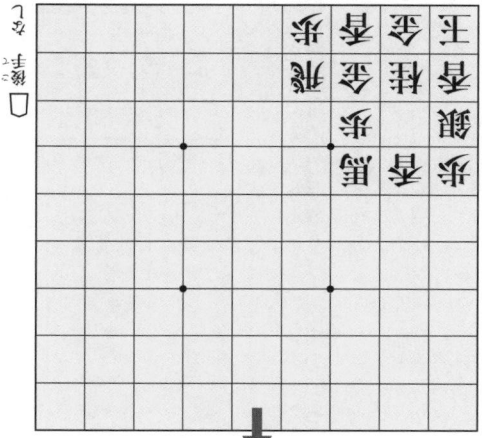


——大正解！　2三に桂を打てば王手だね。

将子「先生……でも3二の金か3四の馬で取られてしまうよね！」

——そうだね、それは次の時間に説明するからね！

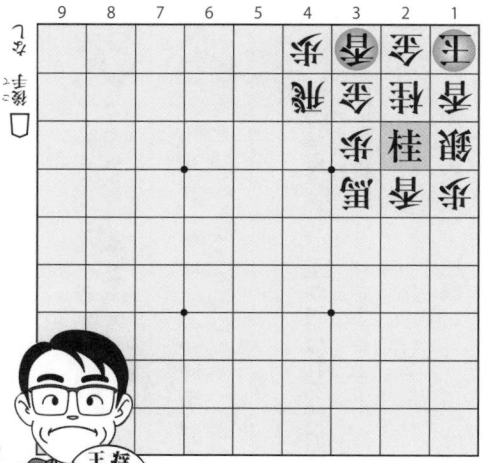

王手はしっかりと考えて指そう！

## 玉を詰ませよう！

# 詰みとは、次に必ず玉が取られる状態のことをいう

——第2日目の最後の授業では、将棋のいちばん大切なことについて教えるよ。

将男「そうか。将棋は王様を取るのではなくて、詰ますんだよね！」

——その通り！　では、詰みについて教えるね。

## 玉を詰ませる

①王手をかけられた玉が**どこに逃げても取られる状態**になったとき、これを**詰み**または、**詰んだ**といいます。

②**王手をかけられていながら、それを防がずにほかの手を指し、玉が取られる状態になったときは反則負け**となります。王手には必ず、なにかの手を受けなければいけません。

③玉が詰めば、1局終わり。将棋は1手でも早く相手玉を詰ませた方が勝ちとなるゲームです。

図❶を見てください。盤上に先手の歩があります。後手は玉だけです。先手の持ち駒には金があります。玉を詰めるには、図❷のように金を打ちます。後手は、玉でこの金を取ると、次に歩で取られてしまいます。そのため、玉では取れません。

図❶

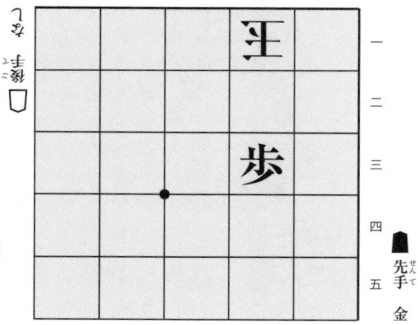


図❷

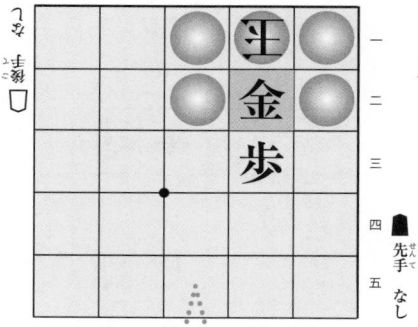


詰めの基本図

玉が動けるマス目には、すべて金も動けます。

つまり、図❷は玉がどうやっても取られてしまうので、この状態が**詰み**になります。これが詰みの基本図ですので、よく覚えておいてください。

これが、金ではなく図❸のように銀ではどうでしょう。銀は横に動けませんから、◎印のついている2つのマス目に玉を逃げることができるので、詰んでいません。

次のページで例題をやってみましょう。

図❸

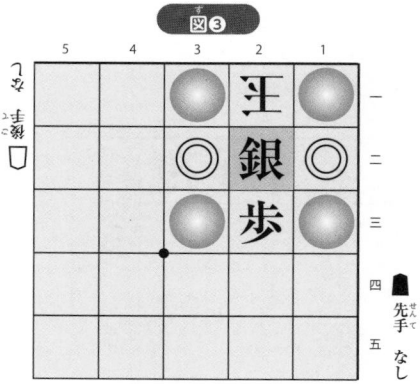

**例題❸**

先手の飛車と歩はお互い守り合っているので、王様には取られません。でも、次に□1三玉と逃げるといけません。持ち駒の角の力で詰ませましょう。

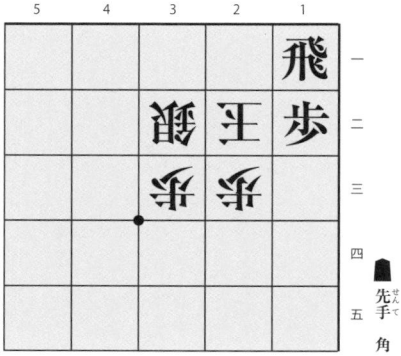

**例題❶**

王様が先手のと金の力で動けない状態ですが、金が２枚で守られています。持ち駒を打って詰ませましょう。

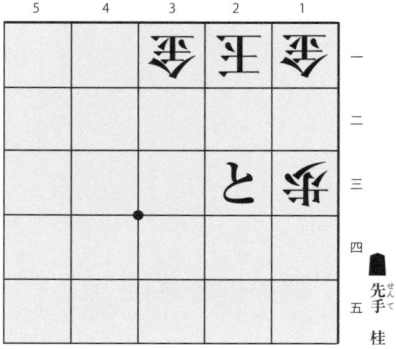


**例題❷**

王様が逃げられるところは1一の地点。そこに逃げられないように持ち駒を打ってみましょう。

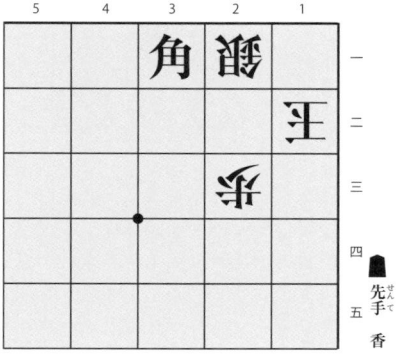

例題❶ 答え

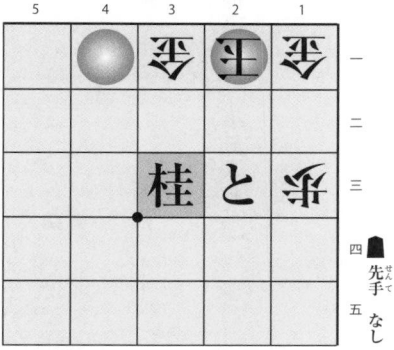


桂の特性を生かし、後手の金を相手にしないで王手をかけました。

例題❷ 答え

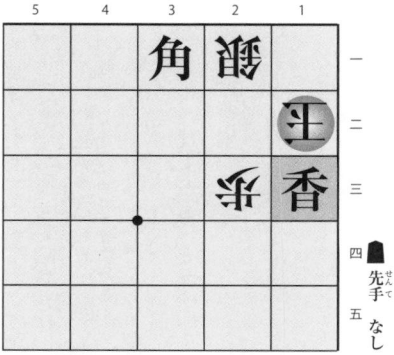


この場合は1筋のどこに香を打っても詰みとなります。

例題❸ 答え

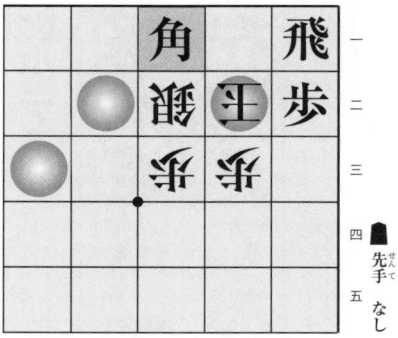


1段目には飛車が利いているので、玉は角を取ることができません。

**詰めは将棋の基本、詰め将棋はまた教えるね**

# 将棋学園小テスト①

## 駒の基本点数、王手、詰みを覚えておこう！

——みなさん、第2日目はいかがでしたか？

将男「勉強になったぁ」

将子「将棋のコツがだんだんわかってきたわ」

——それは、よかったね。では確認テストだよ。頑張ってね！

将男「よお～し！　頑張るぞ！」

**【将棋学園　小テスト①】**

問題、次の文章があっていれば○を、間違いだと思ったら×を（　）に書きなさい。

①駒の動けるマス目の範囲を駒の「利き」という。…（　）

②利きに味方の駒がいるときは、そのマス目に駒を進めることはできない。…（　）

③駒の基本点数だよ。飛…9点、角…8点、金…6点、銀…6点…。（　）

④駒の基本点数だ。桂…4点、香…3点、歩…1点…。（　）

⑤成り駒の基本点数だ。と金…6点＋1点＝7点、成香…6点＋1点＝7点、成桂…6点＋1点＝7点、成銀…6点＋1点＝7点。…（　）

⑥成り駒の基本点数だ。馬…8点＋5点＝13点、竜…9点＋5点＝14点。…（　　）

⑦持ち駒は表（歩や飛車）や裏（と金や竜）で打つことができる。…（　　）

⑧王手をかけるときは、「王手」と口でいわなければならない。…（　　）

⑨王手をかけられた玉がどこに逃げても取られる状態を「詰んだ」という。…（　　）

⑩持ち駒を使うときは、「指す」と表現する。…（　　）

1問10点だよ！　80点以上で合格です！

さあ、どうだったかな？　もしわからなかったらもう一度授業に戻って確認すればいいよ。合格した人は、次のステージへゴー！

ぼく、わたしの点数…（　　）点

**駒の基本点数・王手・詰み**
**免許状**

**さん**

**あなたは、将棋学園の「駒の基本点数・王手・詰み」をしっかりと勉強し、マスターしたのでこれを賞します。**

**将棋学園**
**校長　羽生善治**
**先生　安次嶺隆幸**

**将男・将子**「おお、すごい！　羽生校長先生からの免許状だ！　明日も頑張ろう」

解答…①○　②○　③×　④○　⑤○　⑥○　⑦×　⑧×　⑨○　⑩×

コラム❷

将棋で身につく力❶

# 相手の気持ちを考える力と責任感

将棋は、考える競技です。すべての指し手は自分で考え、自分で指し手を決めます。しかし、自分勝手に指し手をすると負けてしまいます。相手が何を考えているのかを相手の指し手から想像して、自分の手を決めるのです。

自分で決めることが責任感にもつながってきます。特に負けたときは、負けた原因を相手のせいにすることはできませんし、言い訳もできません。簡単にいうと、将棋は、相手のことをしっかりと考え続けていなければ、負けてしまう競技なのです。

みなさんは、将棋をすることで、相手の気持ちを考える人、相手の気持ちを察することができる人になって欲しいと願っています。

日本将棋連盟 2階道場にて

# 第3章

# 将棋学園第3日目

いよいよ、駒の特徴と使い方を教わります。まずは、金銀将棋で歩と協力して駒を前進させましょう。そして桂香将棋で桂馬と香車の特技をマスターだ！　最後は、飛角将棋で大駒を最強にしてみよう！

# 駒の特徴と使い方（金将・銀将）

## 金銀将棋をやってみよう！

### 金の動きは6か所、銀の動きは5か所

——3日目は、金と銀を使って対局だよ。

将男・将子「やったあ！」

——図❶は金銀将棋だよ。2つの駒の使い方を練習しよう。2人とも、金と銀の動き方は覚えているかな？

将男「金は、前に3マスと、真横と後ろだよね」

将子「銀は、前に3マスと斜め後ろね」

——正解！　早速やってみようか。

3枚の駒が成れたら勝ちだよ！

図❶

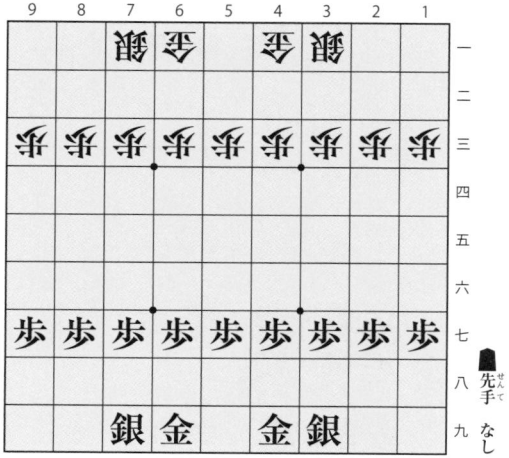

**金銀将棋のルール**

①図❶のように駒を配置し、先手、後手を決めます。

②交互に自分の駒を動かしていって、相手の陣地を目指しましょう。3枚の駒が成れたら勝ちです。

③利きにいる相手の駒は、取ることができます。取った相手の駒は、自分の持ち駒として使えます。持ち駒を敵陣に打った持ち駒は、次に動かすときに成ることができます。

④一度成っても、相手に駒を取られてしまったら無効になります。取られないように気をつけながら攻めていきましょう。

★自分たちでオリジナルのルールを考えてやってみてもいいですね。

**【金銀将棋のポイント】**

この金銀将棋のポイントは、**3枚の駒の動き方をマスターすること**です。

昨日学んだ、歩の動き、敵陣3段目に入って成ることができること。また、相手の駒を取って持ち駒にできること、持ち駒を使って打つことなどを実戦的に学んでいきます。

最初は、動き方を間違えてもかまいません。2人で対局しながら、お互いに教え合ってください。

また、敵陣3段目に打った駒は、次に動かすときに成れることもここで覚えておきましょう。

実戦＝対局をすることでルールを覚えていくことが将棋上達の近道です。

**歩の後ろから金銀を追いかけていくといいよ！**

羽生校長のアドバイス

# 駒の特徴と使い方（桂馬・香車）

## 桂香将棋！

**桂は駒を飛び越すことができる特技があるよ！**
**香は、直進し、戻ることはできないよ！**

将男「金銀将棋おもしろかったなぁ」
将子「先生、でも動き方はみんなひとつのマス目だけでしたね」
——そうだね。2時間目はいよいよ大きな動きができる桂と香が登場するよ。
将男「楽しみ！」
——桂と香の動きはわかるかな？　図❶に○をつけてみてね。
将子「あれ、桂馬は2つずつ○をつけたけど、香車は場所によって、○の数が違うね」

図❶

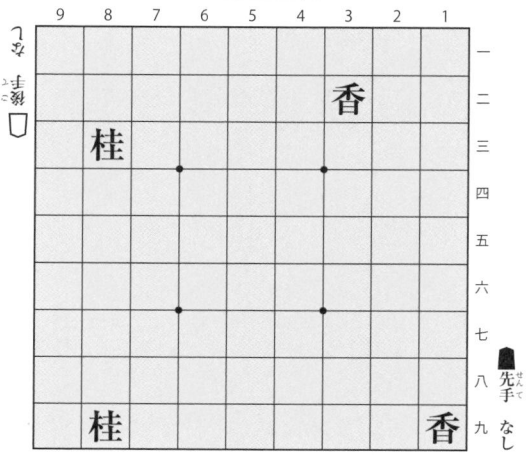

——そうなんだ。香は下段に置くと駒の動きが多いんだ。「下段の香に力あり」「香は下段から打て」という格言もあるよ。では図❷の桂香将棋をやってみよう！　ルールは金銀将棋と一緒だよ。

図❷

先手　なし

| | 9 | 8 | 7 | 6 | 5 | 4 | 3 | 2 | 1 |
|---|---|---|---|---|---|---|---|---|---|
| 一 | 香 | 桂 | | | | | | 桂 | 香 |
| 二 | | | | | | | | | |
| 三 | 歩 | 歩 | 歩 | 歩 | 歩 | 歩 | 歩 | 歩 | 歩 |
| 四 | | | | | | | | | |
| 五 | | | | | | | | | |
| 六 | 歩 | 歩 | 歩 | 歩 | 歩 | 歩 | 歩 | 歩 | 歩 |
| 七 | | | | | | | | | |
| 八 | 桂 | 香 | | | | | | 香 | 桂 |
| 九 | | | | | | | | | |

後手　なし

**【桂香将棋のポイント】**

この桂香将棋のポイントは、歩を動かすことによって、桂と香の特徴を知ることです。桂は歩を動かすことで初めて跳ぶことができます。

また、香は歩をどんどんと突いていくことで、敵陣へ成ることができます。歩と協力することによって桂香の力が発揮できるのです。

# 駒の特徴と使い方（飛車・角行）

## 飛角将棋！

**大駒を使って、角を馬に！　飛を竜に進化させよう！**

——2時間目までで、小駒の動かし方は終了だ。いよいよ、2人が好きな大駒だ。

将子「わたしは角が好きだな！　ナナメに自由に動けるからね」

将男「ぼくは、なんといっても飛車だな！　十字に動いて、成ると最強の竜になるからね！」

——そうだね。大駒の飛車、角行をうまく使うと、勝利が近づくね。では、図❶にそれぞれ動き方を○で書いて確認してみよう。

将男「わかった」

——動き方を確認したら、飛角将棋をしてみよう！

図❶

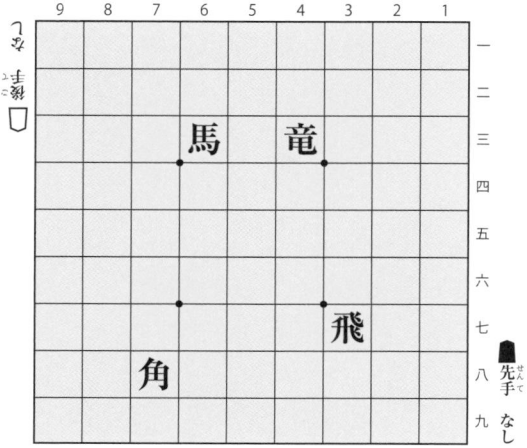

（図❷）
将男「気をつけないと大駒がすぐ取られそうだ！」
将子「うまく敵陣に成って、パワーアップさせるわよ！」

図❷

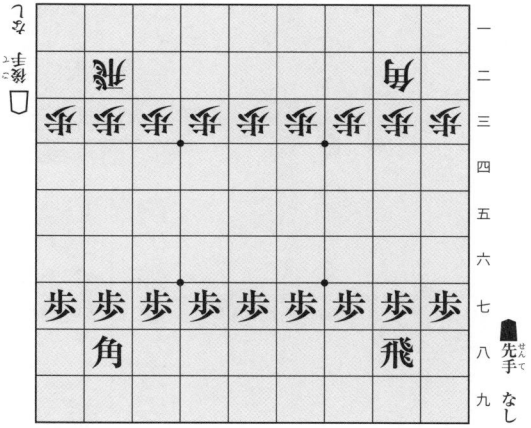


**【飛角将棋のポイント】**

飛車と角行は、大駒といいます。大きな動きをするだけでなく、敵陣や自陣に攻めにも守りにも力を発揮します。最初のうちは、大駒を成ることをまずおすすめします。小駒と大駒の協力（目標に置いて指してみること）で大駒を成ると、まわりにガードがされて力が増します。勝利への第一歩です。

**大駒を成ると**
**まわりにガードがされる**
**最強の駒になるね！**

## 駒の特徴と使い方（玉将）

# 歩なし将棋と小駒将棋

### 駒の動かし方の総まとめだよ

将子「先生、次の授業はなんですか？」

——じゃ～ん。図❶、❷を見てごらん。

将男「なんだが本将棋に近づいて来た感じ！」

——そうでしょう。2人は、これまでに歩、金、銀、桂、香、飛、角と7種類の駒の動かし方を練習してきたよね。

将子「そうか、いちばん大事な駒を忘れていたね」

——そうだね。玉を忘れちゃいけないね！　玉の動き方はどうだったかな。

将男「自分のまわりに8か所！」

——バッチリだね。では、図❷、❸で対局開始だ。

図❶

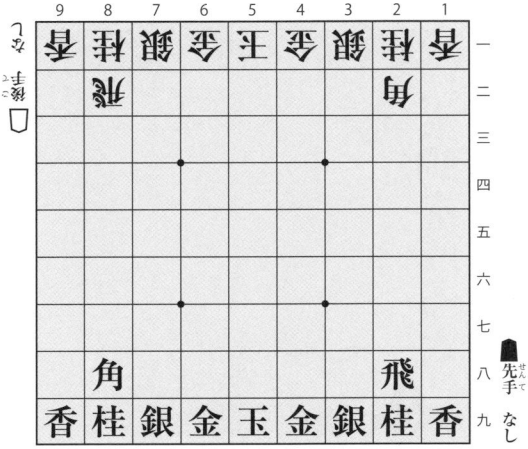

**歩なし将棋**

①図❶、❷のように駒を配置し、先手、後手を決めます。

②交互に自分の駒を動かしていって、3枚の駒が成るか、相手の玉を取ったら勝ちです。

③利きにいる相手の駒は、取ることができます。取った相手の駒は、自分の持ち駒として使えます。持ち駒を敵陣に打ったら、次に動かすときに成ることができます。

④一度成っても、相手に駒を取られてしまったら無効になります。

⑤玉を取られるとその時点で負けてしまうので、取られないように気をつけましょう。

**【歩なし将棋のポイント】**

これは歩がないのでいきなり大駒が活躍してしまいます。よく相手の駒の動き＝利きに気を付けて指すことが大事です。玉が入っているので王手をかける練習だと思って指してみましょう！

図❷

**【小駒将棋のポイント】**

これは大駒がありませんが、小駒を使う練習になり、とても実戦の練習になります。とくに歩を活用してと金をつくることができると、勝利が近づいてくることでしょう。

## 成らない方がいいこともある

将男「成り駒をつくるのって楽しいね！」

――でも本将棋の対局では、敵陣に入っても成らないこともあるんだよ。これを不成というよ。

将子「成るとパワーアップするのにどうして？」

――たとえば桂は成桂になると、金と同じように動けるようになるけど、ほかの駒を飛び越すことができるという性格はなくなってしまうんだ。だいたいは成る方がいいんだけど、その駒のままの方がいい場合もあるんだよ。

将子「一度成ると、元に戻ることはできないのね」

――その通り！　だからその駒の特徴をよく考えて使ってあげるようにしようね。敵陣のなかなら、不成の駒は、いつでも動かすときに一度だけ成ることができるよ。

**不成では、桂馬と香車の不成がよくあるよ！**

羽生校長のアドバイス

# 駒の効果的な使い方を教えるよ！

# それぞれの駒のポイントと使い方を覚えよう！

## 歩兵のポイント

●一歩ずつ地道に前に進む駒。歩を動かすことが将棋の基本。

●序盤は歩を持ち駒にして、と金をつくることを目指そう！

●歩を大切にすることが将棋の極意！

## と金のポイント

●金の動きに進化するだけでなく、金将以上の価値がある。

●持ち駒が少なくても、と金で敵陣に迫ることが勝利へのコツ。

●歩を打って、「次に成るぞ！」と攻めていこう！

## 玉将のポイント

●自分のまわりをひとつ動ける駒。
●取られてはいけない駒なので、まわりには味方の金銀の守りが必要。
●王将自ら敵陣に入玉していくこともある。
●王将は上手（目上・実力が上の人）、玉将は下手（年下、下位者）が持つのがマナー。

### 常に狙われているので安全地帯に囲おう

王将は、自分自身です。まずは囲いに入ることを考えてみましょう。王将は金将、銀将を従えていくことが大事です。攻められたら、下段に落ちるのではなく、ときには前進していくこともあります。入玉（相手陣に入る）すると、なかなか詰まされないことも覚えておきましょう。

## 金将のポイント

●守りと詰めに力を発揮する駒。
●王将のまわりに配置すると効果的。
●詰めの基本＝頭金で詰ませる駒。
●相手の玉の近くの金将を狙うことが寄せのポイント。

### 動きは遅いがどっしりと構える王様の家臣

詰めに残しておくといいことが多いです。金と銀の使い方は難しいですが、それぞれの特徴を考えて使っていきましょう。

金将は持ち駒から、王将の囲いの強化に打って使うこともあります。王様にいちばん信頼されている駒です。

## 銀将のポイント

●守りにも、攻めにも活用できる駒。
●一枚は守りに、飛車の側の銀は攻めに使うといい。
●進むだけでなく引いて活用する。
●ナナメ後ろへ移動できるので、角と一緒に活用することが多い。

## 成銀のポイント

●敵陣に進んで、成ることが多い。
●銀を一度成ると成銀になって金の動きになるが、元には戻れない。
●わざと成らないで、不成りで使うこともある。

### 横には動けないが、軽快な動きをする駒

銀は、軽快な動きをする駒です。前にも後ろにも自由自在に動きまわりましょう。

欠点は横には動けないところです。でも、角と同じようにナナメ後ろには動けるので、角との使い道をよく考えて使うといいでしょう。

### 成るか成らないかをよく考えよう

成銀は、金将と同じ動きに進化する駒です。相手に渡ったときには、銀将として攻めてくることも覚えておきましょう。成るか、不成りかを考えて指しましょう。

## 飛車のポイント

- とても強い駒。
- 縦に使うだけでなく、横の利きで守りにも使うことがある。
- ナナメから狙われることがあるので注意。
- 飛車交換になって、相手陣に打ち込んで攻めに使って詰みを狙おう。

### 縦横に自由に使える、いちばん人気の駒

攻めにも、守りも威力を発揮する駒です。飛車先の歩をついて攻めることが多いです。敵陣に入って竜王になれば最強の駒になります。

飛車を持ち駒にしたら、敵陣に打ち込んで攻めていきましょう！

## 竜王のポイント

- 最強の駒。攻めには絶大な力を発揮する。
- 竜をつくって、小駒で詰みを狙うのが基本。
- 敵陣で活用することがコツ。

### 最強の駒、詰めに威力を発揮する

竜をつくったら、玉将目指して詰めを狙いましょう。

竜で相手の駒を取って、戦力をアップするといいです。竜と小駒で相手玉を詰ませてみましょう！

## 角行のポイント

●ナナメに自由に移動できる。

●王将が上に逃げ出すときに、下段から詰めることが多い。

●桂馬と一緒にナナメの利きで攻めると効果的。

●両取りを狙って打つことがポイント。

### ナナメに動かして遠くから玉を狙おう！

ナナメにどこまでも行ける駒です。飛車と同じく大駒といいます。ナナメの筋を使って遠くから玉を狙ってみましょう。また桂馬と協力して、相手玉を詰ませることも多いです。玉が上部に逃げようとするのを、角の威力で引き戻すこともあります。

## 竜馬のポイント

●「竜（竜王）は敵陣、馬（竜馬）は自陣に」というように、守りにも威力を発揮する。

●角交換して、敵陣に打ち込み、自陣に引きつけると守りが強くなる。

●攻めにも威力を発揮する。

### 角を成って馬にすれば守りも威力を発揮

馬は、攻めにも守りにも使える駒です。馬を自陣に引きつけて守りを固めると、最強の囲いになります。馬は遠くまで利きを通すことができるので、守りながら攻めることが出来ます。馬の利きには気をつけていくことが大事です。

## 桂馬のポイント

●駒の中で、唯一駒を飛び越えて移動できる駒。

●両取りに打つことがコツ。

●直接両取りでなくても、次に両取りになるように打つこともある。

●角と一緒に使って詰みを狙うと効果的。

## 成桂のポイント

●敵陣で成りこんで詰めに活用することが多い。

●桂馬の特性＝不成りのまま使うこともある。

●桂の両取りを考え、成込みを狙おう。

### 飛び越える特技を使って逆転を狙おう

桂馬だけは、駒を飛び越えていく特技の持ち主。角と一緒に使うと、逆転勝ちになることも多いです。

また、桂馬を何枚か使って相手の玉を攻めることもあります。格言に「三桂あって詰まぬことなし」ということもあるので、覚えておきましょう。

### 相手に渡ったときには桂になる

桂馬を不成りで使うこともありますが、相手陣に入ったときには、成桂として使うことも多いです。

桂馬として早く相手の玉に迫って、成桂と進化して相手玉を攻めていきましょう。

## 香車のポイント

●一直線に前に進むことができるが、後ろには戻れない。

●下段から打つと効果的。

●相手に歩が無いとき、打って串刺しを狙うといい。

●香車を2枚重ねて相手陣を狙おう！

### まっすぐに槍のように進んでいく駒

香車は別名、槍ともいいます。一直線に進む駒。だけど欠点は、戻ることができないこと。持ち駒から使うときは、下段から打つと効果があります。

香は桂馬と角行とかの頭を狙って使ういいでしょう。歩切れ（相手の持ち駒に歩がないとき）は狙い目！

## 成香のポイント

●香車は後ろには戻れないので、敵陣で成って金の動きを狙おう。

●金銀の合駒でなく、相手に渡しても価値が低い合駒に使うこともある。

●不成りのまま使って、わざと成香にならないこともある。

### 敵陣に入ったら、成るか不成りか考えよう

香車を成って、成香に進化させよう。金将と同じ動きができます。成香も相手に渡ったら、香車として攻めてくることも覚えておきましょう。

成香をつくって、相手玉に迫っていきましょう！

## 将棋学園小テスト②

# 将棋は指せば指すほど、負ければ負けるほど強くなる

——みなさん、第3日目はいかがでしたか？

将男「たくさん対局して楽しかったな！」

将子「わたし今日、将男くんと2人で復習してくる約束したんだよね」

——それはえらいね！　将棋は毎日欠かさず勉強することで、強くなっていくんだよ。たとえ負けても、その悔しい分、心も棋力（将棋の力）も強くなるのを忘れないでね。

**【将棋学園　小テスト②】**

次の文章があっていれば○を、間違いだと思ったら×を（　）に書きなさい。

①将棋の駒は全部で8種類である。成り駒の性能を入れると14種類になる。…（　）

②初めに指す方は、後手、次に指す方は先手という。…（　）

③歩の駒は全部で20枚ある。…（　）

④歩は敵陣の3段目に入ると成って「と金」になることができる。…（　）

⑤王将の動き方は、全部で8か所移動できる。
…（　　）

⑥金将の動きは、全部で6か所移動できる。
…（　　）

⑦銀将の動きは、全部で6か所移動できる。
…（　　）

⑧敵陣3段目に入ったら必ず成らなければいけない。…（　　）

⑨飛車は成ると、どこにでも動ける最強の駒になる。…（　　）

⑩香車は、下段から打つのが効果的だ。
…（　　）

1問、10点。80点以上で合格です！
さあ、どうだったかな？　もしわからなかったらもう一度授業にもどって確認すればいいよ。
合格した人は、次のステージへゴー！

ぼく、わたしの点数…（　　）点

**駒の動かし方免許状**

さん

あなたは、将棋学園の「駒の動かし方」をしっかりと勉強し、マスターしたのでこれを賞します。

将棋学園
校長　羽生善治
先生　安次嶺隆幸

将男・将子「おお！　すごい！　羽生校長先生からの免許状2枚目ゲットだ。明日もやるぞ」

解答…①○　②×　③×　④○　⑤○
⑥○　⑦×　⑧×　⑨×　⑩○

コラム③

将棋で身につく力②

# 考え方の基本「3手の読み」とは？

将棋には、**3手の読み**という考えの基本があります。

まず、自分の手を考える。そして相手の指し手を考え、自分の3手目を決定します。これが3手の読み。自分が指したい手を指す前に、少しだけ相手がどう来るかを予想してみましょう。「こう来たらいいな！」という自分本位の考えではなく、自分が相手の立場だったら、どうするのが最善かを考えることができれば、実力アップ間違いなしです。

相手の立場になって考えることができれば、3手目の指し手もおのずとわかってくるものなのです。すぐに指す前に、一度立ち止まって考えるこの「3手の読み」を実戦で試してください。

暁星小学校将棋クラブに
羽生善治先生来校

# 第4章

# 将棋学園
# 第4日目

ここでは先生がいろいろな囲いを教えてくれるよ。矢倉囲いと美濃囲い、対振り飛車用・船囲いなど、囲い方を覚えていこう。そして、まとめは戦法を勉強しよう！

## 囲いをつくろう！（矢倉囲い）

# 囲いの王道
# 矢倉囲いで玉を守ろう！

——おはようございます。いよいよ今日から戦術を教えるね。ところで、昨日の小テストはどうだった？

将男「ぼくね、一発合格の80点だったよ！」

——おお、すごいじゃないか！　駒の能力と効果的な使い方を知っていると、優勢に指し進めることができるんだよ。将子ちゃんは？

将子「わたしも80点でした。少し難しかったです」

——大丈夫だよ。2人とも免許状2枚ゲットできたので、今日は将棋でいちばん大事なこと、「負けにくい」ためのコツがあるんだけどわかる？

将男「なんだろう？」

——将棋の駒でいちばん大事な駒はなんだっけ？

将男「それはもちろん、飛車だ！」

将子「違うでしょう。王将がとられたらダメじゃない！」

——そうだよね。だから玉を詰められないように、安全なところに守ってあげるんだ。これを知っているだけで、レベルがまた上がるよ。

将男「そうか。将棋は、玉を詰めるゲームだよね！」

## 玉の囲い

①将棋でいちばん大切な駒は、**王将＝玉**です。これを詰められたら、いくら駒が山のようにあっても負けてしまいます。ですから、将棋に負けないためには、**玉の守り＝「囲い」を覚えることが近道**です。

②相手はこちらの玉を詰ませようとします。そこで、相手の攻めに強い形に**玉を囲う必要**があります。

③玉の囲いには、**金、銀3枚が必要**です。

④囲いの基本は、**金銀の連携**です。連携のいい金銀の形をつくって、その奥に玉を収めて囲いの完成となります。囲いにはいくつもの種類があります。

⑤盤の**右か左のどちらか片方に囲います**。なるべく戦いから遠い場所、戦いの起きる可能性が低い、**自分の飛車と反対側に囲います**。

――では、順番に説明するよ。図❶を見てね。これは、**矢倉囲いの途中図**です。初手からの手順を書いてみるよ（手順は先手のみ）。自分で並べてみてね。

▲7六歩　▲6八銀　▲7七銀　▲2六歩
▲4八銀　▲7八金　▲6九玉（図❶）

▲先手　なし

図❶

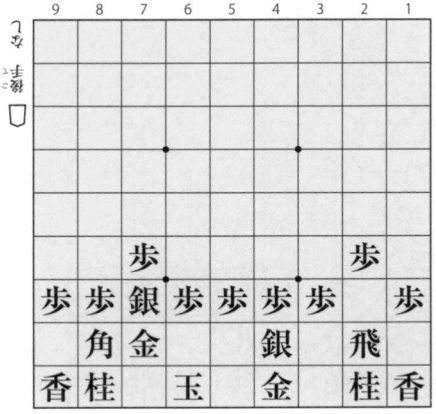

——上手に棋譜を並べられたね。では、次の手順を教えるね。

図❶からの指し手

▲5六歩　▲5八金　▲3六歩　▲7九角

▲6六歩　▲6七金右　▲6八角　▲7九玉

▲8八玉（図❷）

——途中の▲6七金右の指し手はわかったかな？

これは、6七の場所へ右の5八にある右の金を移動するという意味だよ。

将子「じゃあ、7八の金を動かすときは、▲6七金左だね」

——将子ちゃんすごいね！　そう、棋譜には「右」とか「左」、「直」とか「上がる」、「引く」などがでてくるけれど、それは移動する駒がいくつかあるときに使うので、その度に覚えるといいね。

将男「囲いができると、玉が守られている感じがするね」

図❷

後手 △

| 9 | 8 | 7 | 6 | 5 | 4 | 3 | 2 | 1 | |
|---|---|---|---|---|---|---|---|---|---|
| | | | | | | | | | 一 |
| | | | | | | | | | 二 |
| | | | | | | | | | 三 |
| | | ・ | | | | ・ | | | 四 |
| | | | | | | | | | 五 |
| | | 歩 | 歩 | 歩 | | 歩 | 歩 | | 六 |
| 歩 | 歩 | 銀 | 金 | | 歩 | | | 歩 | 七 |
| | 玉 | 金 | 角 | | 銀 | | 飛 | | 八 |
| 香 | 桂 | | | | | | 桂 | 香 | 九 |

▲先手　なし

——この図❷を金矢倉と呼びます。これは羽生校長先生もよく使う囲いだから、覚えておくといいね。

将子「わぁ、すごい！　羽生校長先生と同じ囲いをすれば負けないね」

——じゃあ、図❸を見てごらん。さっきとどこか違うけどわかるかな？

将男「ええっと。同じように見えるけど……。わかった！　金と銀が違う」

——そうだね。6七金の代わりに、銀が置かれているね。これを銀矢倉といいます。

図❸

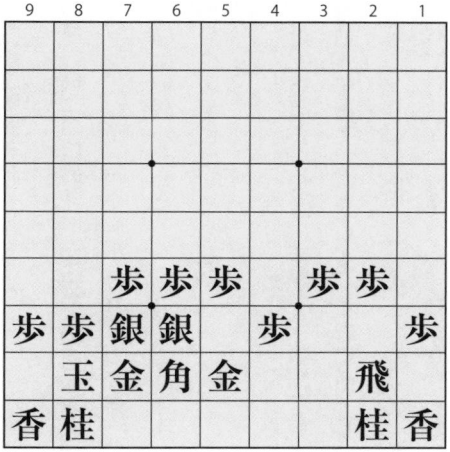


——図❹は、金矢倉の7八金と8八玉がひとつ右に寄った形で、これを片矢倉といいます。

将子「矢倉囲いにも、いろいろな種類があるんですね」

図❹

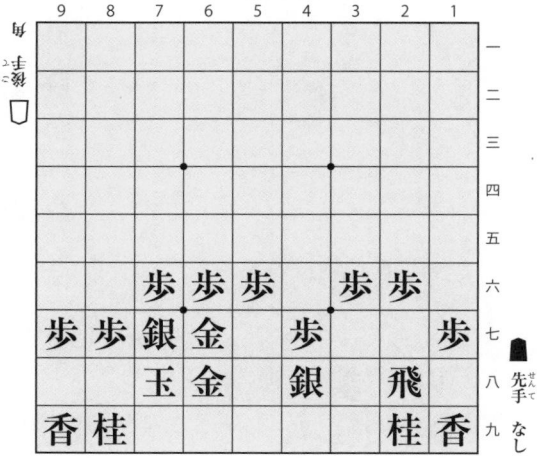

## 矢倉囲いの特徴

①居飛車（飛車の位置はそのまま）のもっともオーソドックスな囲いで、上からの攻めに強い。
②囲うのに手数がかかる。
③横からの攻めには、やや弱い。

――では、教えた金矢倉の手順で、棋譜を見てもう一度並べてみてね。そして、これはチャレンジ問題だよ。銀矢倉はどうやったらできるか、図❺から並べてごらん。なるべく手数がかからないように囲えるといいね。

銀矢倉への手順（先手だけの指し手）

▲7六歩　▲6八銀　▲7七銀　▲2六歩
▲4八銀　▲7八金　▲6九玉（図❺）

図❺

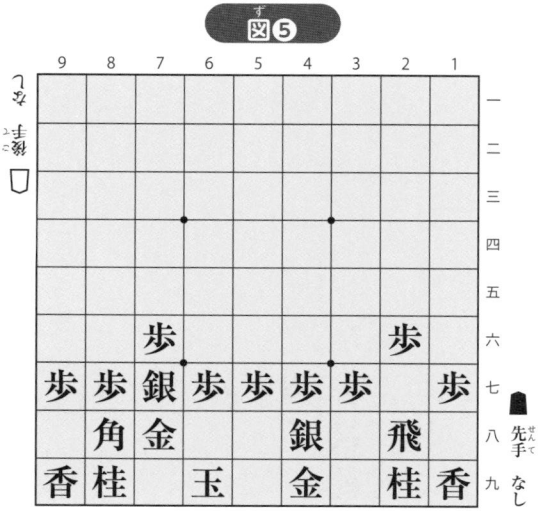

図❺から銀矢倉への手順

▲5八金　▲7九角　▲4六歩　▲4七銀
▲6六歩　▲5六銀　▲6七銀　▲6八角
▲7九玉　▲8八玉（図❻）

——手順はこれ以外にもあるけれど、自分で駒を動かして、囲いに玉を入れてあげてね。

将子「片矢倉はどうやったらいいかわからないわ」

——いいところに気づいたね。片矢倉は、角を交換したときによく使う囲いなんだ。相手に角を打たせないように、囲いがひとつ右に寄っているんだ。角がないと片矢倉にしやすいでしょう。

将子「相手によって囲いは変わっていくんですね」

——その通り！

**矢倉囲いは代表的な囲い。歩が前に出て、金銀3枚で守っているのがわかるね**

図❻

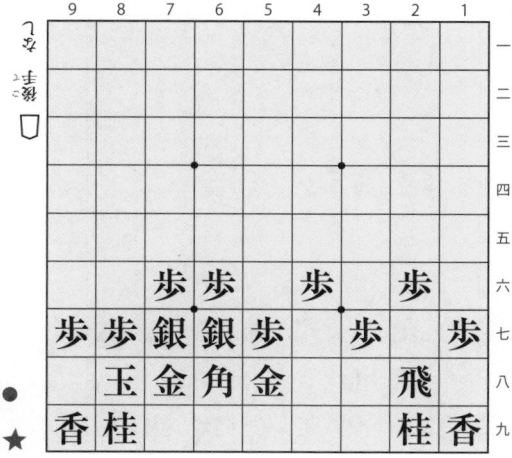

## 囲いをつくろう！（美濃囲い）

# 美濃囲いへの手順を覚えて囲いを進化させよう！

——矢倉囲いの手順は、わかったかな？　次は人気の美濃囲いを紹介しよう。図❶を見てね。これが美濃囲いの途中図です。初手から図❶まで手順を見ていこう。

▲7六歩　△6六歩　▲7八銀　△7七角
▲6八飛（図❶）

図❶

| | 9 | 8 | 7 | 6 | 5 | 4 | 3 | 2 | 1 | |
|---|---|---|---|---|---|---|---|---|---|---|
| | | | | | | | | | | 一 |
| | | | | | | | | | | 二 |
| | | | | | | | | | | 三 |
| | | | | | | | | | | 四 |
| | | | | | | | | | | 五 |
| | | | 歩 | 歩 | | | | | | 六 |
| | 歩 | 歩 | 角 | | 歩 | 歩 | 歩 | 歩 | 歩 | 七 |
| | | | 銀 | 飛 | | | | | | 八 |
| | 香 | 桂 | | 金 | 玉 | 金 | 銀 | 桂 | 香 | 九 |

△後手なし

▲先手なし

——ここから次のように進めて、美濃囲いを目指すよ。

▲4八玉　△3八玉　▲2八玉　△3八銀

▲1六歩（図❷）

図❷

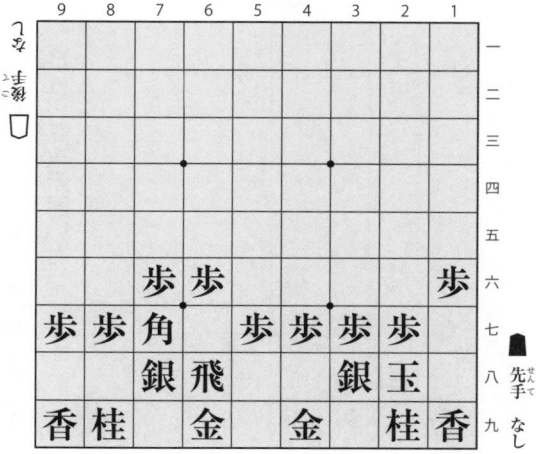


——図❷。これが**美濃囲いの基本形**です。

**将男**「基本形？」

**将子**「ここから美濃囲いが進化するんですね！」

図❷から、▲5八金左とした図❸は、よく用いられるオーソドックスな美濃囲いです。

図❸

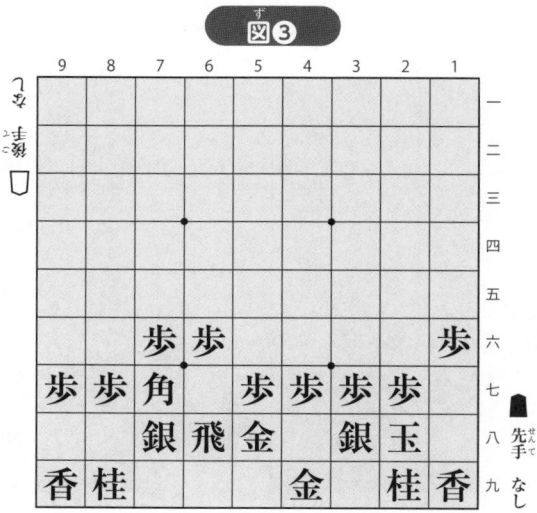

図❸から、▲4六歩、▲3六歩、▲4七金と進んだ図❹は、**高美濃囲い**といいます。

図❹

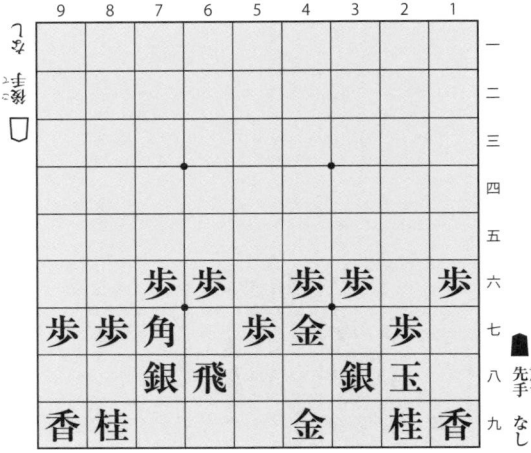


図❹から、▲2六歩、▲2七銀、▲3八金と進んだ図❺は、**銀冠**といいます。図❸⬇高美濃囲い⬇銀冠の順に守りが堅くなります。

図❺

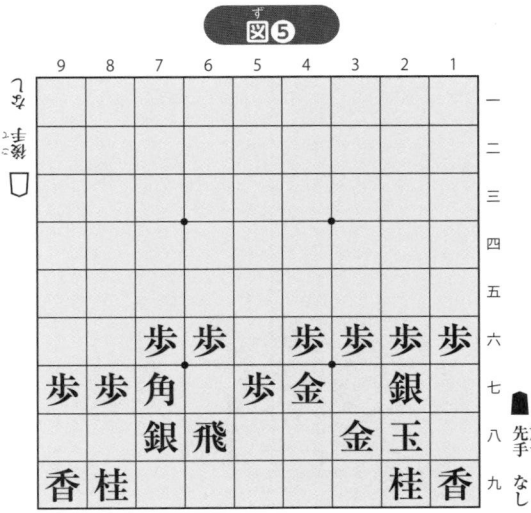

図❻は図❸の高美濃の4七の金を銀に代えた銀美濃です。

図❻

先手　なし

| | 9 | 8 | 7 | 6 | 5 | 4 | 3 | 2 | 1 |
|---|---|---|---|---|---|---|---|---|---|
| 一 | | | | | | | | | |
| 二 | | | | | | | | | |
| 三 | | | | | | | | | |
| 四 | | | | | | | | | |
| 五 | | | | | | | | | |
| 六 | | | 歩 | 歩 | | 歩 | 歩 | 歩 | 歩 |
| 七 | 歩 | 歩 | 角 | | 歩 | 銀 | | | |
| 八 | | | | 飛 | 金 | | 銀 | 玉 | |
| 九 | 香 | 桂 | | | | 金 | | 桂 | 香 |

後手　なし

## 美濃囲いの特徴

①横からの攻めに強い。
②駒組みが簡単で、覚えやすく早く囲える。
③上からの攻めには弱い。
④さらに堅い形に囲いをレベルアップさせることができる。
⑤美濃囲いは、主に振り飛車のときに使う。

矢倉囲いも美濃囲いも王様を囲いの中に入れることが大切だよ

## 陣形の基本を覚えよう！

# 攻めの陣形と守りの陣形を合わせて「戦法」という

将子「玉の囲いがいろいろわかったわ」
将男「ぼくは、美濃囲いで全部いくよ！」
将子「じゃあ、わたしは矢倉囲いでいくわ！」
——それもいいけれど……この時間は**陣形の基本と戦法**を教えるからね。
将子「戦法？」
——将棋では、攻めの陣形と、守りの陣形を合わせて駒組みを**戦法**というんだ。そして、ある戦法を組み上げるまでの手順や、その後の**攻防の手順でいちばんいいと思われるものを定跡**というんだ。少し説明するね。

### 陣形の基本

①戦法は、大きく分けて飛車の位置で決まります。初形のままの位置、または3筋、4筋で戦うのを**居飛車戦法**。早く5筋より左側に飛車を移動させるのを**振り飛車戦法**といいます。

②その他にもいろいろな戦法がありますが、そのほとんどは、居飛車と振り飛車が基本になっています。

③玉は、戦いが起こる場所から遠いところ、つまり飛車と反対の方へ囲います。居飛車なら左側

へ、振り飛車なら右側へ囲います。

④将棋の格言に「**攻めは飛車角銀桂、守りは金銀3枚**」とあるように、すべての戦法は、これが基本になります。

⑤今日教えた囲いは、すべて**金銀3枚で囲いができていること**を確認してください。

⑥囲いは、金と銀が入れ替わる場合（金矢倉と銀矢倉、高美濃と銀美濃）はありますが、金と銀が逆の形で、連絡がないのは悪い形です。

図❶の飛車と玉の位置に注目してください。先手も後手も矢倉（金矢倉）に囲った、居飛車戦法で、**相矢倉**と呼ばれる代表的な戦法です。

先手の陣形は5筋から右が攻め、左が守りです。角は左側にいますが、ナナメに大きく動けば、右に利いていますから攻めの駒です。

このあと、4五歩、3五歩、2四歩、4五歩、1五歩など、歩を突きすてて攻めていきます。

図❶

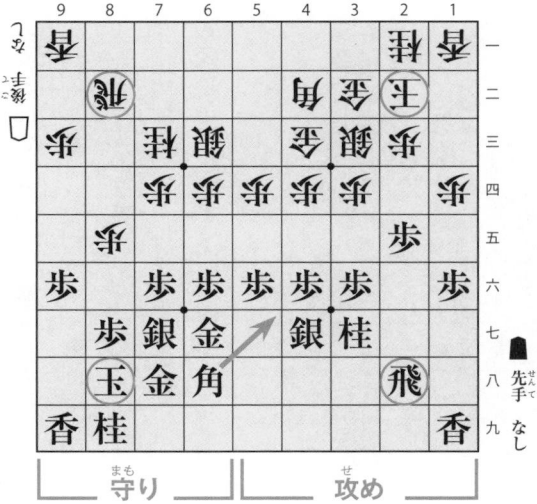

図❷は、先手が居飛車戦法、後手が振り飛車戦法です。先手は急戦を仕掛けようと、玉の囲いを簡単にして早く攻めようという陣形です。先手の陣形は、角と銀と金2枚の船の上に7八玉が乗っているので**船囲い**といいます。

図❷

先手 なし

| | 9 | 8 | 7 | 6 | 5 | 4 | 3 | 2 | 1 |
|---|---|---|---|---|---|---|---|---|---|
| 一 | | | | | | | | | |
| 二 | | | | | | | | | |
| 三 | | | | | | | | | |
| 四 | | | | | | | | | |
| 五 | | | | | | | | | |
| 六 | | | | | | | | | |
| 七 | | | | | | | | | |
| 八 | | | | | | | | | |
| 九 | 香 | 桂 | 銀 | 金 | | | | 桂 | 香 |
| | 桂 | 角 | 王 | | 金 | | | | |
| | 香 | | 銀 | 金 | | | | 歩 | 歩 |
| | | 歩 | | 歩 | | 歩 | 桂 | | |
| | | | 歩 | | 歩 | 銀 | 歩 | 歩 | 歩 |
| | | | | | | | | | |
| | 歩 | | | 歩 | 歩 | 歩 | 歩 | | 歩 |
| | | 王 | 銀 | | 金 | 飛 | | | |
| | | | | | | | 角 | 歩 | 歩 |
| | 香 | 桂 | | 金 | | | | 桂 | 香 |

後手 なし

このあとの展開としては、▲3五歩△3二飛▲5五歩△同歩▲3六飛△3五歩▲同銀（図❸）と攻める狙いがあります。居飛車は銀を前に進めて押さえ込めば有利に、振り飛車は攻められる筋に飛車を移動してさばき（駒交換）を狙います。

図❸

先手 歩

| | 9 | 8 | 7 | 6 | 5 | 4 | 3 | 2 | 1 |
|---|---|---|---|---|---|---|---|---|---|
| 一 | | | | | | | | | |
| 二 | | | | | | | | | |
| 三 | | | | | | | | | |
| 四 | | | | | | | | | |
| 五 | | | | | | | | | |
| 六 | | | | | | | | | |
| 七 | | | | | | | | | |
| 八 | | | | | | | | | |
| 九 | 香 | 桂 | 銀 | 金 | | | | 桂 | 香 |
| | 桂 | 角 | 王 | | 金 | | | | |
| | 香 | | 銀 | 金 | | | | 歩 | 歩 |
| | | 歩 | | 歩 | | 歩 | 桂 | | |
| | | | 歩 | | 歩 | 銀 | 歩 | 歩 | 歩 |
| | | | | | | | | | |
| | 歩 | | | 歩 | 歩 | 歩 | 歩 | | 歩 |
| | | 王 | 銀 | | 金 | 飛 | | | |
| | | | | | | | 角 | 歩 | 歩 |
| | 香 | 桂 | | 金 | | | | 桂 | 香 |

後手 歩一

## 金銀の悪形

続いて、陣形の悪い形も見ながら考えていきましょう。

図❹は、4一金が玉から離れています。玉の横腹が空いているので、相手に飛車を持たれるとすぐ王手がかかってしまいます。4一金が3二金としまっていればいい形です。

図❺は7九の地点が空いていて、駒の連絡が悪い形です。8七銀―7八金ならいい形です。

図❻は、4九金にヒモがついていない（連絡がない）ので、終盤になるとこの金を狙われやすい形。玉頭の2七の地点も弱点です。3八銀―4九金ならいい形です。

図❹

| | 5 | 4 | 3 | 2 | 1 | |
|---|---|---|---|---|---|---|
| 一 | | 金 | | 桂 | 香 | |
| 二 | | | | 玉 | | |
| 三 | | 歩 | | 銀 | | |
| 四 | | | 歩 | 歩 | 歩 | |
| 五 | | | | | | |

図❺

| | 9 | 8 | 7 | 6 | 5 | |
|---|---|---|---|---|---|---|
| 五 | | | | | | |
| 六 | 歩 | 歩 | 歩 | 歩 | | |
| 七 | | 金 | | | | |
| 八 | | 玉 | 銀 | | | |
| 九 | 香 | 桂 | | | | |

図❻

| | 5 | 4 | 3 | 2 | 1 | |
|---|---|---|---|---|---|---|
| 五 | | | | | | |
| 六 | | | | | | |
| 七 | | 歩 | 歩 | 歩 | 歩 | |
| 八 | | | | 玉 | | |
| 九 | | 金 | 銀 | 桂 | 香 | |

——さあ、よい形と悪い形が分かったかな？
では確認テストだ！
将男「やったー。おれテスト大好き！」
将子「へー。ほんとかな～」
——2人ともやる気満々だね！　では、図を見てね。どこか教えたことと違うよ。間違い探しをしてみよう。ヒントは、今まで教えた利きのことを思い出してね。それと将棋でいちばん大事な駒は、どこに置けばいいかを考えてみよう！
将男「そうか、玉の場所をまず確認することが大事なんだね！」
将子「あと、金銀の連携が大事だね！」
将男「よ～し！　やるぞ！」

**よい形はしっかりと利きが手をつないでいるよ。よい形をたくさん覚えよう！**

問題1

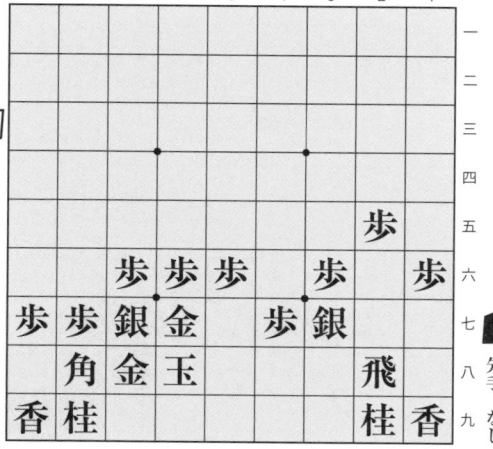

問題②

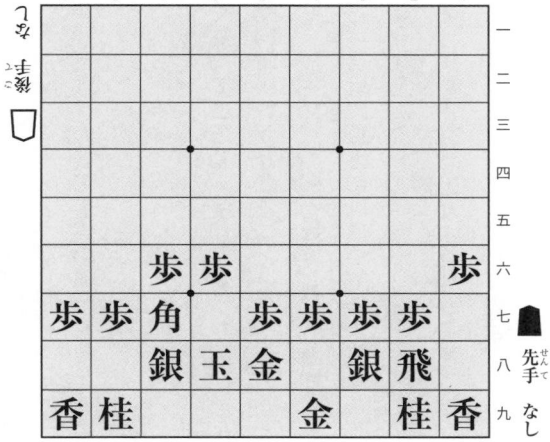


【解答】

問題①

角と玉を入れ替える。これは金矢倉です。玉をしっかり囲ってあげよう。

問題②

飛と玉を入れ替える。美濃囲いの基本形です。ここからいろいろな形に発展させていくよ。

問題③

2七金と3八銀を入れ替える。これは銀冠。金と銀がしっかり手をつないでいるね。

問題③

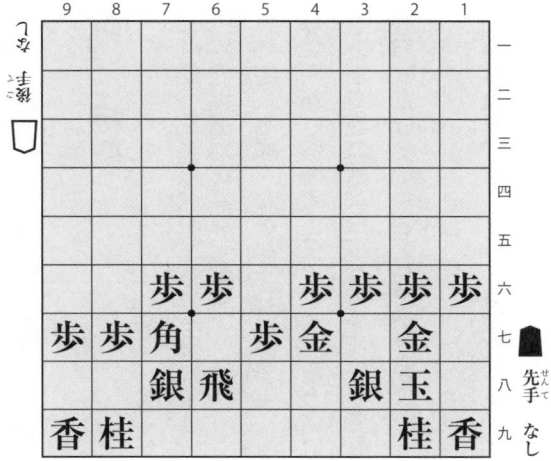

## 穴熊囲い

# 終盤に威力を発揮する最強の囲いを使ってみよう！

——4時間目は、人気の最強の囲いを教えるよ。

将男「やったー」

将子「わかった！　穴熊囲いでしょう」

——よく知っているね。昔からあった囲いなんだけど、囲いに手数がかかることと、王様の動きが狭いので、あまりいい囲いとはされない時期もあったけれど、今は穴熊囲いはプロでも人気なんだ。

将男「そうなんだぁ～」

——でも、王将の動き方がよくわかるまでは、秘密の囲いにすることをおすすめするよ。

### 穴熊囲いの特徴

①穴熊の特徴は、いきなり王手がかからないことです。終盤に威力を発揮します。

②囲いに時間（手順）がかかることが弱点。玉の逃げる場所がないので、王手がかかると弱い。

③囲うことができれば、飛車や角を捨ててでも相手に攻撃をかけていくことも可能です。

図❶が**振り飛車穴熊**、図❷が**居飛車穴熊**です。玉が金銀桂香歩の穴の中に入っています。

## 初手から振り飛車六熊までの手順

（先手のみの指し手）

▲7六歩 ▲6六歩 ▲7八銀 ▲6八飛
▲4八玉 ▲3八玉 ▲2八玉 ▲1八香
▲1九玉 ▲2八銀 ▲3九金 ▲5八金
▲4八金寄 ▲3八金寄（図❶）

図❶

| | 9 | 8 | 7 | 6 | 5 | 4 | 3 | 2 | 1 | |
|---|---|---|---|---|---|---|---|---|---|---|
| 一 | | | | | | | | | | |
| 二 | | | | | | | | | | |
| 三 | | | | ・ | | | ・ | | | |
| 四 | | | | | | | | | | |
| 五 | | | | | | | | | | |
| 六 | | | 歩 | 歩 | | | | | | |
| 七 | 歩 | 歩 | 角 | | 歩 | 歩 | 歩 | 歩 | 歩 | |
| 八 | | | 銀 | 飛 | | | 金 | 銀 | 香 | |
| 九 | 香 | 桂 | | | | | 金 | 桂 | 玉 | |

▲先手 なし

△後手 なし

## 初手から居飛車六熊までの手順

（先手のみの指し手）

▲7六歩 ▲2六歩 ▲4八銀 ▲2五歩
▲5六歩 ▲6八玉 ▲7八玉 ▲5七銀
▲7七角 ▲8八玉 ▲9八香 ▲9九玉
▲8八銀 ▲7九金 ▲5八金 ▲6八金寄
▲7八金寄（図❷）

図❷

| | 9 | 8 | 7 | 6 | 5 | 4 | 3 | 2 | 1 | |
|---|---|---|---|---|---|---|---|---|---|---|
| 一 | | | | | | | | | | |
| 二 | | | | | | | | | | |
| 三 | | | | ・ | | | ・ | | | |
| 四 | | | | | | | | | | |
| 五 | | | | | | | | 歩 | | |
| 六 | | | 歩 | | 歩 | | | | | |
| 七 | 歩 | 歩 | 角 | 歩 | 銀 | 歩 | 歩 | | 歩 | |
| 八 | 香 | 銀 | 金 | | | | | 飛 | | |
| 九 | 玉 | 桂 | 金 | | | | | 桂 | 香 | |

▲先手 なし

△後手 なし

## プロが使っている戦法・囲いを教えるよ！

# 自分で囲いや戦法をいろいろ試していこう！

——いよいよ、第4日目の最後の授業です。基本の囲いや陣形、戦法を教えたけど、まだまだあるので紹介するよ。

将子「プロが使っている戦法を、わたしも使っていいんですか？」

——もちろんだよ！　将棋はプロでも将子ちゃんでも自由に戦法を使っていいんだよ。それから、自分で囲いや戦法をつくって、新定跡を打ち立ててもいいんだ。

将男「へ～！　じゃあぼくの将男囲いをつくってもいいかぁ～！」

——では、まずは、プロが使っている戦法をいくつか教えるね。今まで教えた囲いがもとになって、**戦型＝戦法**になっているのもあるからね。**攻めと守りの陣形をよく見てね。**

### 矢倉戦法

図❶は先手も後手も矢倉囲いをしている**相矢倉**。先手は銀と桂と飛車で攻めを目指して、後手は銀が飛車の先に棒のように出て攻めようとしている**棒銀**の攻めを目指しています。

図❶

両方の陣形がしっかりと金銀3枚で囲いに入って、攻めも飛車角銀桂香を使っています。

この後の指し手で、もし後手が□9三香なら、▲5五歩、□同歩、▲1五歩、□同歩、▲3五歩、□同歩と「開戦は歩の突き捨てから」という格言もあるように、歩を突き捨てます。そのあとは、▲3五同銀、□同銀、▲同角（図❷）と攻めていくことも可能です。

図❷

## 横歩取り戦法

図❸は、横歩取り戦法。お互いの持ち駒は歩2枚ですが、よく見ると先手は全部で10枚、後手は8枚で駒損をしています。先手が3四に合った相手の歩を取ったのですが、取るまでに飛車に手を使いました。その分後手は、指し手を進めていま

図❸

図❹

す。この歩得（相手より歩を多く持つこと）を生かすか、手得（相手よりも無駄な駒の移動をしないこと）を生かすかの戦い。

この後の一例として、以下、□9四歩、■3六歩、□8六歩、■同歩、□同飛、■3五歩、□8五飛（図❹）という歩を狙いながら、角交換を※いつ実行するかを考える展開が予想されます。

※お互いに角同士を交換して持ち駒にすること

## 居飛車急戦対振り飛車戦法

図❺は、居飛車急戦船囲い対三間飛車美濃囲いの戦いです。先手は、4五歩と着いて、角交換を狙って、飛車先を突破を狙います。後手は、相手の攻めを利用しながら、駒を交換（これをさばくといいます）。そして美濃囲いの堅さを利用して勝負します。

手順としては、▲1六歩、△1四歩、▲4五歩、△同歩なら、▲3三角成、△同桂、▲2四歩、△同歩、▲同飛（図❻）と2筋を突破する狙いです。振り飛車側としては、そうならないように、攻められている筋に飛車をまわりながら交換をうまくする方針で指し手を進めていきます。

図❺

| | 9 | 8 | 7 | 6 | 5 | 4 | 3 | 2 | 1 | |
|---|---|---|---|---|---|---|---|---|---|---|
| 一 | 香 | 桂 | | 金 | | | | 桂 | 香 | |
| 二 | | 玉 | 銀 | | 金 | | 飛 | | | |
| 三 | 歩 | 歩 | 歩 | 歩 | | 銀 | 角 | 歩 | 歩 | |
| 四 | 歩 | | | | 歩 | 歩 | 歩 | | 歩 | |
| 五 | | | | | | | | 歩 | | |
| 六 | 歩 | | 歩 | | 歩 | 歩 | 歩 | | | |
| 七 | | 歩 | | 歩 | | 銀 | 桂 | | 歩 | |
| 八 | | 角 | 王 | | 金 | | | 飛 | | |
| 九 | 香 | 桂 | 銀 | 金 | | | | | 香 | |

△後手　なし　▲先手　なし

図❻

| | 9 | 8 | 7 | 6 | 5 | 4 | 3 | 2 | 1 | |
|---|---|---|---|---|---|---|---|---|---|---|
| 一 | 香 | 桂 | | 金 | | | | | 香 | |
| 二 | | 玉 | 銀 | | 金 | | 飛 | | | |
| 三 | | 歩 | 歩 | 歩 | | 桂 | 銀 | | | |
| 四 | 歩 | | | | 歩 | | 歩 | 飛 | 歩 | |
| 五 | | | | | | 歩 | | | | |
| 六 | 歩 | | 歩 | | 歩 | | 歩 | | 歩 | |
| 七 | | 歩 | | 歩 | | 銀 | 桂 | | | |
| 八 | | | 王 | | 金 | | | | | |
| 九 | 香 | 桂 | 銀 | 金 | | | | | 香 | |

△後手　角歩一　▲先手　角歩

## 角交換振り飛車

図❼は、最近大流行の角交換型中飛車です。振り飛車から角交換をして、角を手持ちにして居飛車を陣の隙をつく形です。居飛車穴熊対策としてプロのタイトル戦でも指されています。

図❼

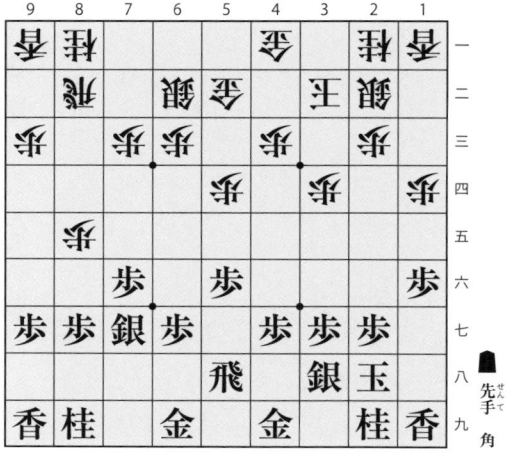


以下の手順の一例では、□5三銀、■7八金、□4四歩、■6六銀、□8六歩、■同歩、□同飛、■8七歩、□8二飛、■7七桂、□7四歩、■8九飛（図❽）と飛車をまわって逆襲する狙いもあります。

図❽

## 自分戦法・自分囲い？

——いろいろ見てきたけれどどうだった？

将子「なんだか、難しくなってきたなぁ」

——そんなに不安になることはないんだ。戦法を決めるのは自分だし、指してみてうまくいかないときは、違う戦法を試してみるといいよ。自分がうまくいかないときは、相手が上手に指している戦法を、次に使うようにするといいんだ。将棋はどうすれば、強くなるって教えたか覚えている？

将子「あっそうか！『将棋は負ければ負けるほど強くなる』って先生教えてくれたよね！」

——そうだよ！　いろいろと実戦で試して、相手に教えてもらう、そして次の自分の対局で、その戦法・囲いを使ってみる。これでますます将棋が面白くなってくるんだ。

将男「ぼく、将男戦法をつくって、羽生校長先生にチャレンジしようかな！」

——いや～大きくでたね！

**戦法・囲いには長所と短所があるんだ。それをよく理解して使うといいよ！**

羽生校長のアドバイス

## 将棋学園小テスト③

# 少し難しいけど、囲い・戦法を覚えると将棋が面白くなる！

——みなさん、第4日目はいかがでしたか？

将男「なんだか、どんどん将棋が指したくなったなぁ」

将子「わたしも！」

——いいね！　負けを恐れずにどんどん強い人と指すといいよ。それから礼儀も忘れずにね。

将男「3つの礼『お願いします』『負けました』『ありがとうございました』だね！」

——そうだよ！　じゃあ、小テスト頑張ってね！

**【将棋学園　小テスト③】**

問題、次の文章があっていれば○を、間違いだと思ったら×を（　）に書きなさい。

①将棋の駒でいちばん大切なのは飛車である。…（　）

②囲いは飛車と反対方向に囲うといい。…（　）

③囲いは金銀2枚で囲おう。…（　）

④囲いのなかには飛車を入れて置こう。…（　）

⑤振り飛車戦法で、振り飛車側がよく使う囲いは船囲いだ。…（　）

⑥美濃囲いは、高美濃囲い、銀冠など進化することができる。…（　　）

⑦穴熊囲いは、手数がかかるが守りは最強だ。…（　　）

⑧囲いは戦法によって、替えることが大事だ。…（　　）

⑨金銀の利きを連携させることが大事。…（　　）

⑩負けても実戦で学ぶことが多いので、どんどん指すことが大事。…（　　）

1問10点。80点以上で合格です！　どうだったかな？　わからなかったらもう一度授業に戻って確認しよう。合格した人は、次のステージへ。

ぼく、わたしの点数…（　　）点

**将男・将子**「羽生校長先生からの免許状3枚目ゲット！　明日の授業はなんだろう？」

**囲い・戦法免許状**

さん

あなたは、将棋学園の「囲い・戦法」をしっかりと勉強し、マスターしたのでこれを賞します。

将棋学園

校長　羽生善治

先生　安次嶺隆幸

解答…①×　②○　③×　④×　⑤×　⑥○　⑦○　⑧○　⑨○　⑩○

## 将棋で身につく力3

# 待つ力を養おう！

将棋は、20枚8種類の駒を1手ずつ交互に指して、勝利を目指す競技です。そして持ち時間がそれぞれ決まっていて、その時間内に自分で考えて、指し手を決断していくのです。これが決断力を養うことにつながるのはもちろん、もうひとつとても大切な力が、この交互に指す中で養われているのです。

それは「相手の手番を待つ」という行為なのです。持ち時間＝考慮時間は自分の指し手のときに使われます。1手指して、相手の手番になれば持ち時間は相手の方が減っていきます。自分の方の時間は減りません。しかし、そのときこそ「相手が何を考えて指し手を決めているか」を考える時間なのです。

つまり、相手の指し手を待っている時間を過ごすことで、「待つ力」が養われるのです。待つときにじっくりと考えられる人になって欲しいと思っています。

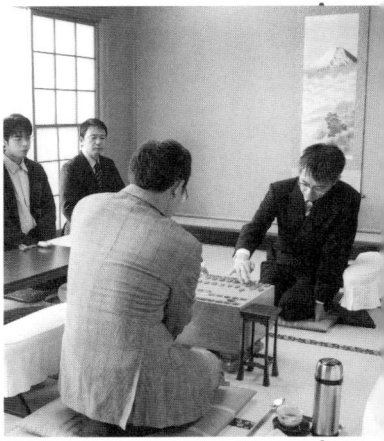

棋王戦
共同通信　羽生 VS 佐藤戦　観戦

# 第5章

# 将棋学園
# 第5日目

いよいよまとめ。先生が攻め・詰みを教えてくれるよ。頭金・腹金・尻金など詰めの基本を覚えよう。そして、2つの駒を使っての攻めを覚えるよ。最後は、受けと守りで勝利へGO！　そして、防ぎの問題にチャレンジだ。

詰みの基本

# 玉を詰ませる頭金・腹金・尻金をマスターしよう！

——いよいよ最終日。今日は詰みの勉強するよ！

将男「ぼくね、詰め将棋を始めたんだ」

——おお、すごいね。

将子「わたしも！　1人でもできるのがいいね」

——そうだね。詰め将棋は、王手の連続で相手玉を詰ませる問題なんだ。では、2人は詰みについてはよくわかっているんだね？

将男「実は、あまりよくわからないんだよぉ。とりあえず王手をすればいいんでしょ？」

——そうだね。第2日目に簡単に説明したけれど、今日はいろいろな詰みのパターンを紹介するね。

## 金で詰ませる

①将棋の駒のなかで、玉と金は動き方が似ています。玉は自分の回り8か所、金はナナメ後ろへは動けないけれど6か所動けます。なので、最後の玉を詰ませるときに、よく金が活躍します。

②玉の頭から**金を打って詰ませることを頭金**といいます。金ではなく、**盤の上にいる駒を成って詰ませることもあります**。頭金は詰みのなかではいちばんの基本となります。

③**金を玉の横から打って詰ませるのを腹金、真後**

**ろからなら尻金**といいます。玉を人の体にたとえ、金の位置で名前がつけられています。この2つも、盤の上にいる駒を成って詰ませることもあり、詰みの基本になっています。

④玉は相手から見て、下へ下へと追うのがうまい寄せ方です。将棋の格言に**「玉は下段に追え！」**というものがあります。

図❶

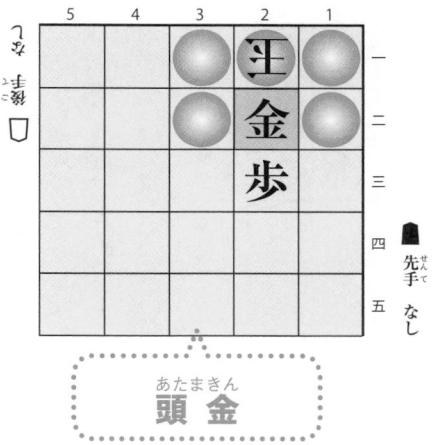


図❶を見てください。これが**頭金の詰み**です。玉はどこにも逃げることができません。よく頭に入れてください。このイメージを持って攻めていくことが大事です。何度もいいますが、相手の玉を詰めることが将棋の目的なのです。

図❷の2二金は**腹金の詰み**です。玉の横を腹にたとえて名前がついています。**右からでも左からでも腹金**といいます。

図❷

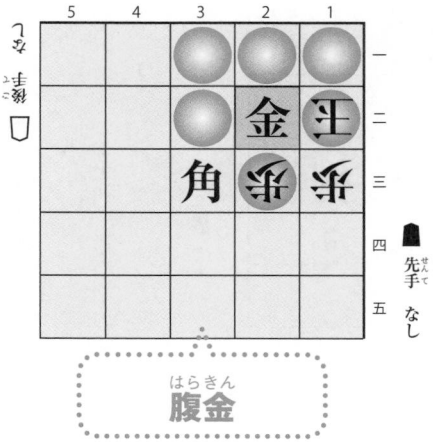

図❸は、1一金とした**尻金の詰み**です。玉の真後ろをお尻にたとえて名がついています。

この場合は、飛車でも詰みです（図❹）。ちなみに尻飛車とはいいません。3三角の利きが1一の地点まであるので、金や飛車を取られないことを確認してください。

腹金や尻金は、玉を隅に追い詰めたときによく出てきますので覚えておいてください。

図❸

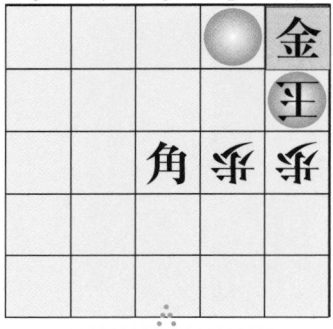


図❹

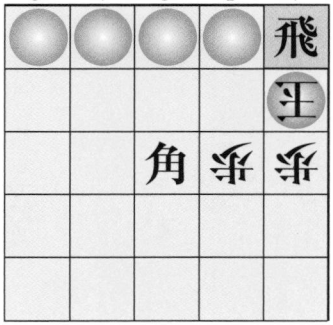


**頭金は詰めの基本！**

**詰めは仲間と一緒に行くことがコツだよ！**

# 攻め・詰みを覚えよう！

## 駒2枚で協力し合って詰ませよう！

――頭金、腹金、尻金はわかったかな？

将男「あははは！　尻金はうけた」

将子「将男くんは下品だから、いやだなぁ！」

――まあ、まあ2人とも仲よくしてね。将棋用語には、普段使う言葉と意味合いが違う言葉がいくつかあるけど、それはそのうち覚えていけばいいので、楽しんで使ってみてね。さあ、2時間目は、金以外の駒で詰ます詰みだよ。

将男「がんばるぞ！」

――ところで、前の時間での羽生校長先生のアドバイスは覚えている？「詰めは仲間と一緒に行くことがコツ」とおっしゃっていたよね。図❶は、何と何が一緒に詰めを狙っているかな？

図❶

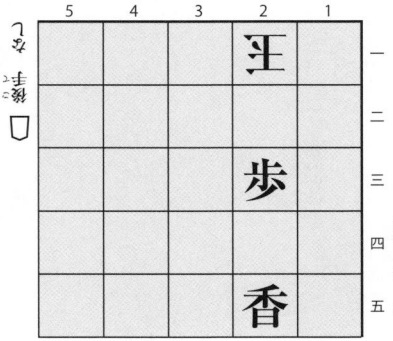

将子「これは歩と香ね！」
――正解！　詰めには最低2枚の駒の協力が必要なんだよ。香の利きと歩の成りを利用して、1手で後手を詰ましてみましょう！
将男「わかった！　2二歩成りです」
――大正解！　やるね。

図❶で後手玉を詰ますには、2三にいる歩を2二歩成（図❷）とします。

図❷

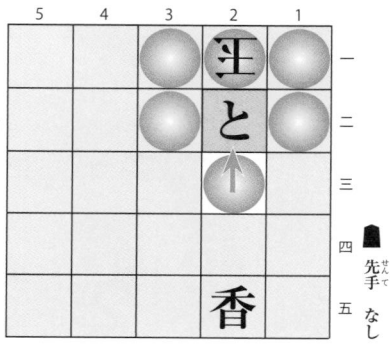


と金は金と同じ動き方なので、これは頭金と同じ形になります。実戦では、駒を成って詰ますのはよく出てきます。

では、例題を2問出しますので、考えてみましょう。

例題❶

持ち駒の金と銀を打つ順序に注意して、後手玉を詰ませてみましょう。

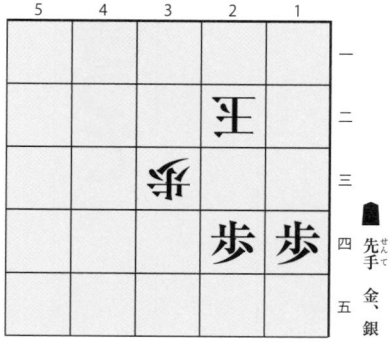

【例題❶の答え】

▲2三銀、△3一玉、▲3二金（図❸）までの3手詰みです。最後の3二金は頭金です。

まず銀を打ちますが、初手▲2三金ではだめでしょうか（図❹）。金は歩の利きがあって取れないので、玉の逃げ場所は1一と2一と3一の3か所です。

しかし、△1一に逃げると▲2二銀でも、▲1二銀でも詰みです。△2一に逃げても▲2二銀で詰みです。

図❸

先手 なし

図❹

先手 銀

でも気をつけてほしいのが、△2一玉と逃げたとき▲3二銀と打つと、△1一玉と逃げられてしまいます（図❺）。▲1二金としても、△同玉、▲2三歩成、△1一玉（図❻）で詰まないので注意しましょう。△3一玉と逃げた場合も▲3二銀、△4二玉で詰みません。

ですから、金を残して頭金を狙うのが正解です。

図❺

先手 なし

図❻

先手 なし

## 詰めの基本は金と銀、成り駒を使うといいね！

**例題❷**

「尻金」を応用して、後手玉を詰ませてみましょう。

| 5 | 4 | 3 | 2 | 1 | |
|---|---|---|---|---|---|
| | | | 金 | | 一 |
| | | | 銀 | 玉 | 二 |
| | | | 歩 | 歩 | 三 |
| | | | | | 四 |
| | | | | | 五 |

▲先手　なし

【例題❷の答え】

▲1一銀成（図❼）までの1手詰みです。

初手▲1一金と寄るのは（図❽）、△2二玉と銀を取られて逃げられてしまいます。▲1一銀成なら2一の金と連絡がとれて、玉を詰ますことができます。

**図❼**

詰み

| 5 | 4 | 3 | 2 | 1 | |
|---|---|---|---|---|---|
| | | | 金 | 成銀 | 一 |
| | | | | 玉 | 二 |
| | | | | 歩 | 三 |
| | | | | | 四 |
| | | | | | 五 |

▲先手　なし

**図❽**

失敗

| 5 | 4 | 3 | 2 | 1 | |
|---|---|---|---|---|---|
| | | | | 金 | 一 |
| | | | 銀 | 玉 | 二 |
| | | | | 歩 | 三 |
| | | | | | 四 |
| | | | | | 五 |

▲先手　なし

## 受け・守りの基本

# 守りながら攻め方を学ぶ。「3つの防ぐ」を覚えよう

将子「攻め方・詰め方が少しわかったわ。でも攻められたら、どうしたらいいのかしら……」

——そうだよね。攻めだけ知っていても、攻められたらどうしたらいいかを知っておくことが、次の攻めにもつながるんだ。しっかりと受け方、守り方を知っておくといいね。

将男「おれは攻めだけでいくぞう！」

将子「だめだよ。将男くん、囲いもしないで攻めてばかりなんだから……」

——この間、教えた囲いも、守りの一種なんだけど、相手の攻め手をうまく受けること、守りのコツを覚えると勝利が近づいてくるからね。

### いろいろな守り方

**①攻めて勝つためには、守りも大切です。**

**②守りの目的は次の3つ。**

- **取られるのを防ぐ**
- **成られるのを防ぐ**
- **詰まされるのを防ぐ**

どれも自分が損をすることを事前に回避するためです。

**③守りには、次の3通りがあります。**

・持ち駒を打って守る
・盤上の駒を動かして守る
・盤上の駒をかわして守る

**④攻められてからどう受けようかではなく、相手がどう攻めてくるのかを読み、攻められる前に受けるのが上手な受け方です。**

## 持ち駒を打って守る

図❶を見てください。先手が飛車で王手をかけたところです。後手はどう守るのがいいでしょう。

図❷は、後手が□8三歩と、歩を打ちました。これを合い駒といいます。飛車の大きな動きの間に、**持ち駒を打って利きを止め、王手を防いだ**ものです。

図❶

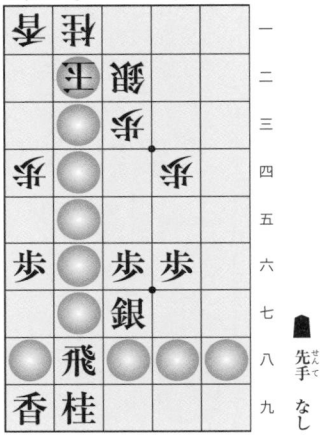


図❷

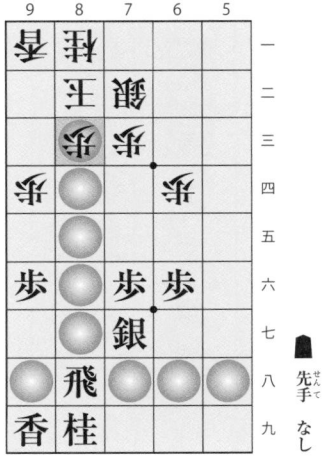

## 盤上の駒を動かして守る

図❸を見てください。図❶から持ち駒の歩を打たないで、盤上にいた7二の銀を、▲8三銀と上がりました。これも図❷の▲8三歩と同じ意味で、飛車の大きな利きを止めたものです。

図❸




## 盤上の駒をかわして守る

図❹を見てください。後手は△7一玉とかわして、飛車の利きからはずれました。△7一玉では、▲9二玉、あるいは▲9三玉でも飛車の利きから逃げているので防げます。ただし、8三玉は、飛車の利きのままなのでいけません。

図❹







羽生校長のアドバイス

**守り方を覚えると攻め方も強くなれるよ**

## 正しい受け方を覚えよう！

# 相手の攻めを防ぐ手が攻めの力をたくわえる！

——4時間目は、3時間目までの確認をするよ。

将男「ぼくやっぱり防ぎ方が苦手だぁ。攻められるとドキドキする」

将子「わたしもそうだな」

——そうだよね。将棋の大名人、大山康晴十五世名人は「受けの大山」といわれたんだけど、一手前に受けるのかコツだということだよ。

将男「それどういうこと？」

——そうだね。まずは相手がどう攻めてくるかを考えておいて、その準備をしておくことがまず大事ということかな。

将子「相手のことを見ないで、自分のことだけ考えるのではいけないんだね」

——次の図❶で考えてみよう。

図❶、どう防ぎますか。

後手が飛車先を□8五歩と、伸ばしてきたところです。次の狙いは8六歩と、先手の角の頭8七を狙っています。なので、▲7八金（図❷）と、守ります。

これで、□8六歩なら、▲同歩、□同飛、▲8七歩（図❸）。後手の飛車は引くしかありませんので、守れます。

図❶

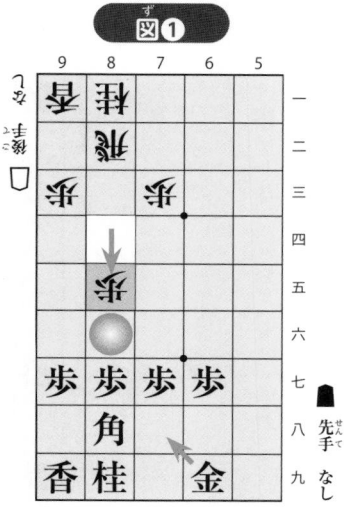


図❷

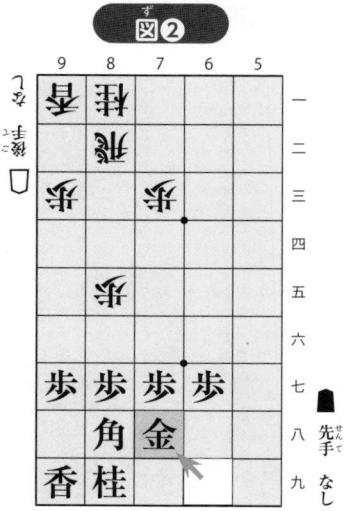


図❸

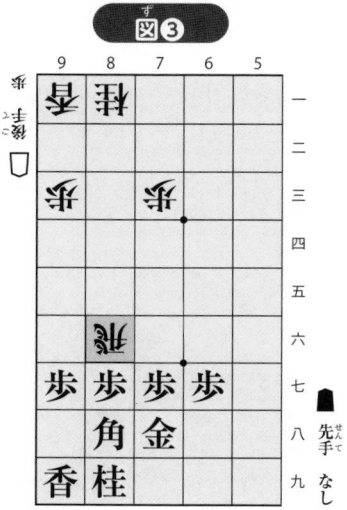

図❹、どう防ぎますか。後手が、次に□8六歩を狙っています。盤上の駒を動かして、これを防いでください。

図❹

正解は■7七角（図❺）です。これで□8六歩を防いでいます。□8六歩と突いてくれば、どういう展開になるかを考えてみましょう。

図❺

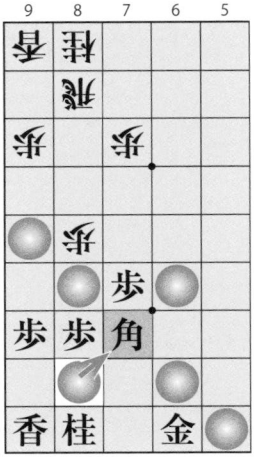


□8六歩以下、■同歩、□同飛、■同角、と飛車を取れるので（図❻）、後手は飛車先から攻めることができません。

図❻

図❼は、どう防ぎますか。

後手が□7五桂と跳ねてきました。6七の銀取りと8七に成る両方を狙っています。

図❼

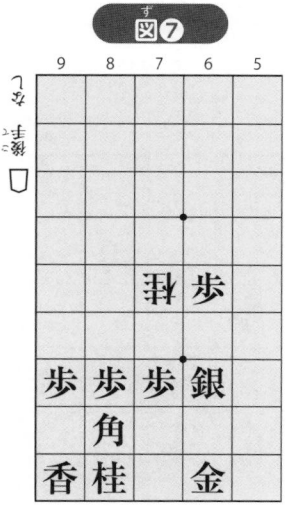


正解は、■7六銀（図❽）と上がり、銀取りを逃げつつ、8七の地点を守れます。桂が8七と跳ねても銀で取れるます。銀のナナメ後ろに下がれる動きを利用した■7六銀の代わりに、■7八銀（図❾）と引くのも、銀を逃げつつ、8七の地点を守っていますので、いい守り方です。

図❽

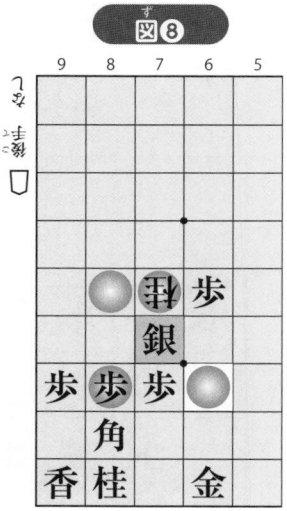


図❾

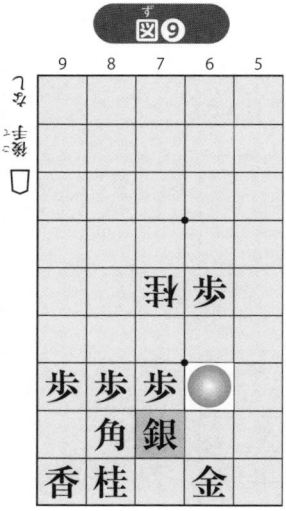


**駒の利きをよく思い出して防ぎの手を指そう！**

将子「相手がどんな手を指してくるか予想しないといけないから、難しいなあ」

将男「でも防ぎの手って、なんかかっこいいね」

——そうだね、防ぎの手を指せるようになることは、相手のことを考えていることになるんだよ。将棋は、絶えず相手のこと（指し手）を考え続ける競技なんだ。では、防ぎの例題を4問やってみよう。

**例題❶**

王手がかかっています。駒を打って守ってください。

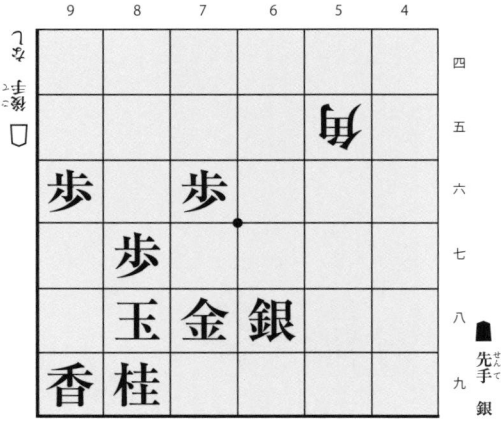


**例題❷**

例題❶と同じ駒の配置ですが、持ち駒がないので、盤上の駒を動かして防ぎましょう。

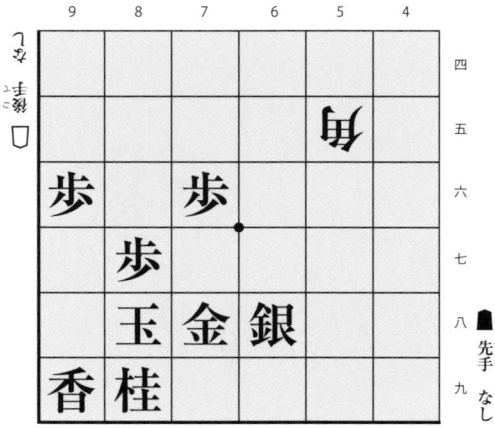

## 例題3

王手がかかっています。3枚の持ち駒のうちどれを使うといいでしょうか。

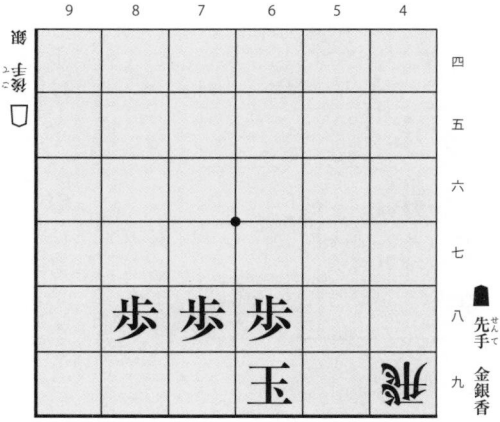


## 例題4

1三角ののぞきに対して、5八金右と上がって防いだところ、このあと、4五桂と跳ねてきたら、どう守りますか。

【例題❶の答え】

正解は▲**7七銀打**です（図❿）。▲6六銀と打つのは、△同角とタダで取られて受けになりません。

図❿

| | 9 | 8 | 7 | 6 | 5 | 4 |
|---|---|---|---|---|---|---|
| 四 | | | | | | |
| 五 | | | | | 角 | |
| 六 | 歩 | ● | 歩 | ● | | |
| 七 | | 歩 | 銀 | | | |
| 八 | | 玉 | 金 | 銀 | | |
| 九 | 香 | 桂 | | | | |

△後手なし

▲先手なし

【例題❷の答え】

正解は、▲**7七銀**です（図⓫）。▲7七金・▲7七銀・▲7七桂と角の利きを遮断するなかでも、▲7七銀がいちばんいい形です。

図⓫

| | 9 | 8 | 7 | 6 | 5 | 4 |
|---|---|---|---|---|---|---|
| 四 | | | | | | |
| 五 | | | | | 角 | |
| 六 | 歩 | ● | 歩 | ● | | |
| 七 | | 歩 | 銀 | | | |
| 八 | | 玉 | 金 | ● | | |
| 九 | 香 | 桂 | | | | |

△後手なし

▲先手なし

【例題❸の答え】

持ち駒は金・銀・香の3枚ありますが、▲5九銀の守りには、△4八銀と攻められます（図⓬）。▲同銀と取れば、飛車で玉を取られてしまいます。▲5九銀の代わりに▲5九香と受けても、同じように△4八銀と打たれていけません。正解は、▲**5九金**です（図⓭）。これなら飛車取りなので、△4八銀には、▲4九金で飛車が取れます（図⓮）。

【例題❹の答え】

□4五桂は、次に□5七桂成、■同金、□同角成を狙ったものです（図⑮）。これは先手が5七の守りに金1枚しかないためです。角と桂の2枚の攻めには、先手も守りをもう1枚足して、2対2にしておけばいいのです。5七の地点を守るには、いくつかの方法がありますが、■4八銀がいい形です。6八～7八と玉を逃げられるからです。

図⑫

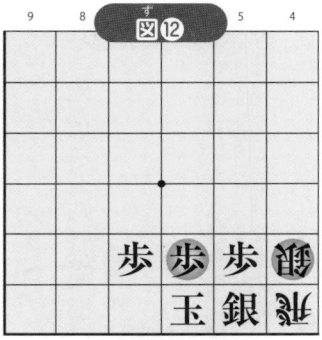

■先手　金香
□後手　なし

図⑬

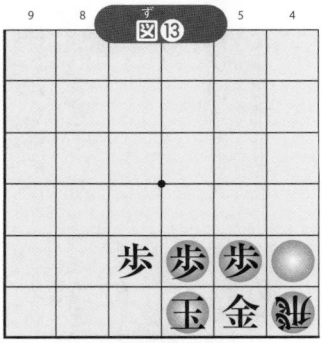

■先手　銀香
□後手　銀

図⑭

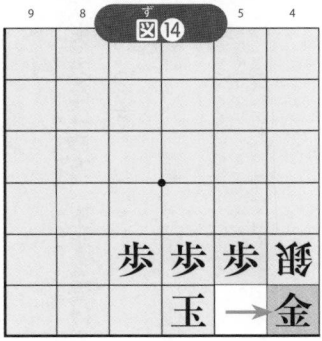

■先手　飛銀香
□後手　なし

図⑮

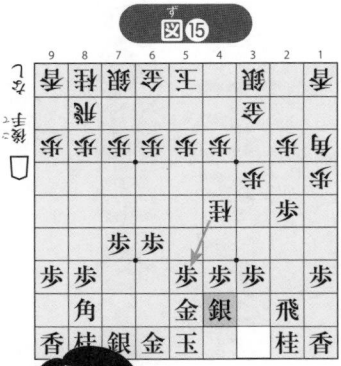

■先手　なし
□後手　なし

羽生校長のアドバイス

防ぐ手といい形をたくさん覚えるといいね！

# 詰め将棋をやってみよう！

## 王手の連続で詰める。駒を捨てることを考えよう！

——いよいよ、5日目の最後の授業です。明日は、羽生校長先生からの修了問題だからね。

将子「ええっ！　羽生先生が教室に来るの？」

——そうだよ！　修了問題に合格したら進級だから、先生ともお別れの時間が近づいてきているんだよ。

将男「ええっ、先生とお別れ……さみしいなぁ」

——大丈夫だよ。もう2人には将棋の基本を教えたからね。もう他の学年のお兄さんやお姉さんと将棋が指したいでしょう？　最後に、詰め将棋を教えるね。

### 詰め将棋の考え方

①詰め将棋は王手の連続で、最後は相手の玉を詰める問題です。

②**玉を詰める方を攻め方、王手を受ける方を受け方**、あるいは**玉方**といいます。

③1手目に攻め方が王手、2手目に受け方が防ぎ、3手目に攻め方が玉を詰ませる。これを**3手詰め**といい、長いものでは百手を超える詰め将棋もあります。

④持ち駒を確認してください。攻め方の持ち駒は

指定されています。受け方は指定がない限り、問題で使われていない玉以外の全部の駒です。

⑤**攻め方はいちばん短い手順で詰ませ、受け方はいちばん長い手順で逃げる**ようにします。ただし、タダで取られてしまって意味のない合い駒をしてはいけません。そして、最後に詰みになれば正解手順です。

図❶を見てください。▲1二金と打って、頭金で詰んでいます。この局面をよく覚えて、図❷を見てください。

図❷は3手詰めの問題です。図❶のように、頭金の形にするにはどうしたらいいでしょう。

王手➡受ける➡王手で詰ませてください。

正解は、▲1一飛成、△同玉、▲1二金までの3手詰めです。

図❶

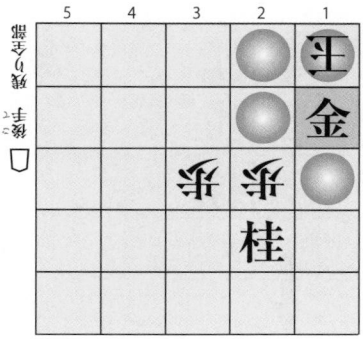


図❷

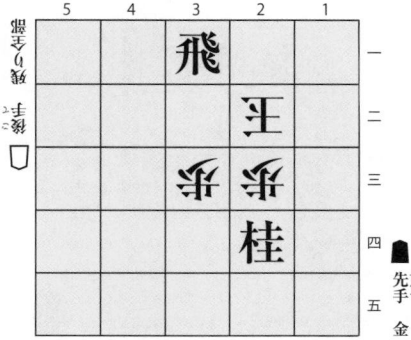


**頭金を狙って、大駒を捨ててみよう!**

図❸

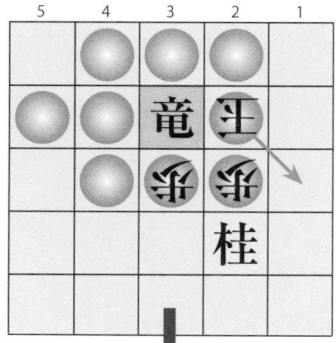


図❹

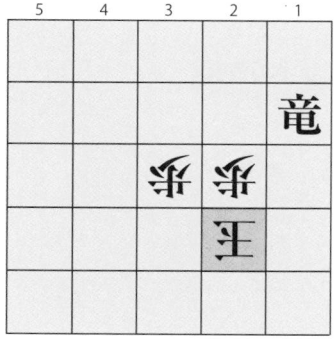


図❺

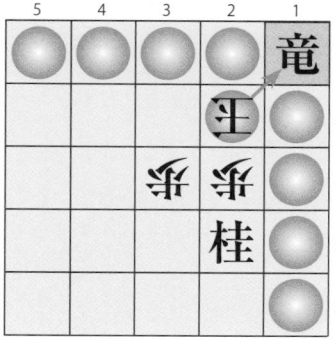


▲1一飛成ではなく、▲3二飛成（図❸）は、□1三玉、▲1二竜、□2四玉と、広い上部に逃げ出されて詰みません（図❹）。

そこで、▲1一飛成（図❺）が1三に逃がさない**捨て駒**の好手（いい手）です。詰め将棋にはこの捨て駒のようなポイントになる手が必ず入っています。

図❺は、1三に竜が利いていますから、上部に逃げ出すことはできません。また、3二には桂、3一には竜が利いていますから、□1一同玉と取る1手になります。そこで、▲1二金と打てば、図❶と同じ形で詰みとなります。

将子「詰め将棋ってパズルみたいで面白いね」
将男「もっとやりたいなあ！」
——2人ともその意気だよ！　詰め将棋をたくさん解くと、終盤が強くなるからね。じゃあ詰め将棋の例題を2問出すよ。解いてみて、明日の修了問題に備えようね。

**例題①**

3手詰めです。詰め手順を考えてください。大駒を動かして捨ててみよう。

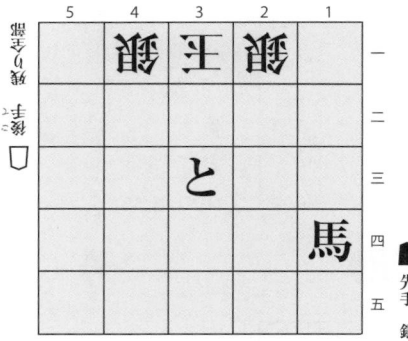


**例題②**

3手詰めです。詰め手順を考えてください。駒を取らないで王手をしてみよう。

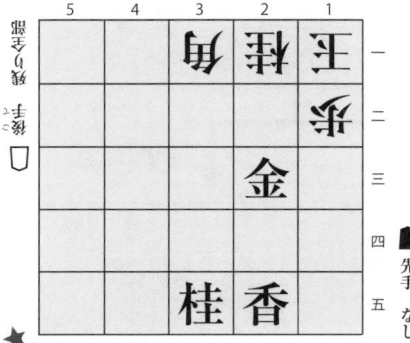


詰め将棋は捨て駒がポイント、不成りもよく使うよ！

羽生校長のアドバイス

【例題❶の答え】

▲3二馬、△同銀右（左）、▲4二（2二）銀までの3手詰めです。

初手に▲3二銀と打つのは、△同銀右で、▲同と△同銀（図❻）で詰みません。

そこで、▲3二馬（図❼）のタダ捨てが好手（いい手）です。△3二同銀右なら、▲4二銀、△同銀左なら、▲2二銀と、いずれも銀を打って詰みになります（図❽、❾）。馬をタダで捨てることにより、受け方の銀を無力化させるのがポイントです。

**馬のタダ捨てが好手**

図❻

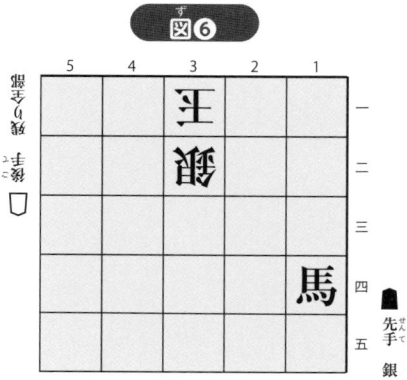


図❼

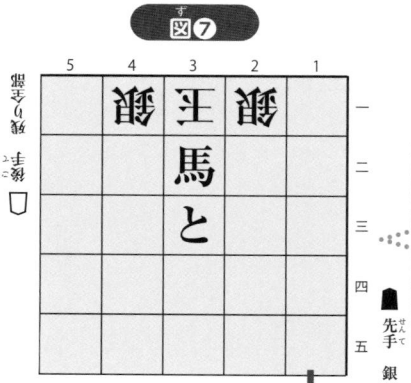


図❽

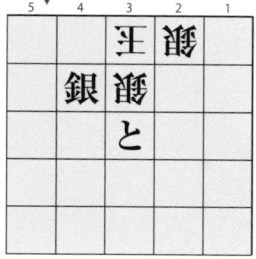


図❾

【例題❷の答え】

▲2二金、△同角、▲2三桂不成まで三手詰めです。

初手▲1二金は、△同玉、▲2三桂成、△1一玉で、▲1二歩は**打ち歩詰め**になりますから、失敗です（図❿）。

▲2二金のタダ捨てには、△同角と応じる1手。ここで、▲同香成と角を欲張っては、△同玉で上部に逃がしてしまいます（図⓫）。そこで、▲2三桂不成（図⓬）が、桂の飛び越える動きを利用した1手。これで詰み上がりになります。

**打ち歩詰めの禁じ手！**

図❿

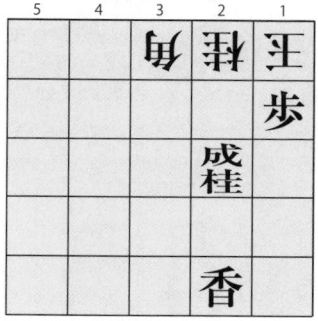


図⓫

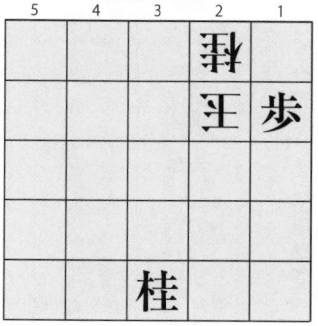


**桂の不成りで詰み**

図⓬

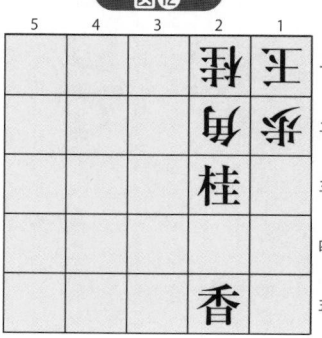

## 将棋学園小テスト④

# 攻めたり、守ったりして将棋って奥が深いね！

——みなさん、第5日目はどうだった？　これで将棋が指せるよ！

将男「なんだか、わくわくしてきたなぁ」

将子「わたしは、明日の羽生先生の試験問題が心配だわ……」

——大丈夫だよ。2人は本当に頑張ったからね。ではいつもの小テストでまとめをしようね。

将男・将子「は～い！」

**【将棋学園　小テスト④】**

問題、次の文章があっていれば○を、間違いだと思ったら×を（　）に書きなさい。

①詰めの基本は頭銀だ。…（　）

②玉の横から金を打つのは腹金という。…（　）

③詰めの基本は2枚の利きを使う。…（　）

④玉は広い方へ追った方がいい。…（　）

⑤将棋は攻めて勝つことが大事なので守りはいらない。…（　）

⑥防ぐ手を覚えることが大事。…（　　）
⑦詰め将棋は捨て駒がよく出てくる。…（　　）
⑧詰め将棋をやると終盤が強くなる。…（　　）
⑨詰め将棋は連続王手でなくてもいい。…（　　）
⑩将棋をもっとやりたくなった人は○。…（　　）

1問10点だよ！
80点以上で合格です。

さあ、どうだったかな？　もしわからなかったらもう一度授業に戻って、確認すればいいよ。
合格した人は、修了問題にチャレンジ！

ぼく、わたしの点数…（　　）点

**攻め・守り免許状**

さん

あなたは、将棋学園の「攻め・守り」をしっかりと勉強し、マスターしたのでこれを賞します。

将棋学園
校長　羽生善治
先生　安次嶺隆幸

解答…①×　②○　③○　④×　⑤×　⑥○　⑦○　⑧○　⑨×　⑩○

コラム5

詰め将棋は実戦に役立つ？

# 藤井聡太さんは詰め将棋で強くなった！

プロデビューから公式戦29連勝の新記録を樹立した藤井聡太さん。彼は詰め将棋で強くなったといわれています。詰め将棋は、将棋の終盤だけを取り上げて、王手の連続で玉を詰ませる問題です。必ず詰むというゴールが決まっているので、1人でもできて「読みの訓練になる」ということで多くのプロ棋士もやっています。

将棋が強くなるには、①実戦できたえる。②棋譜を並べる。③詰め将棋を解く。これが将棋の効果的な3つの方法。詰め将棋は、あまり長い問題ではなく、実戦型の3手～7手詰めの問題をたくさん解いてみるといいでしょう。

詰め将棋は、自分の手だけでなく、相手の最善の手を考えることがとてもよい訓練になるのです。捨て駒や、駒運びの手筋を知るよい機会となることが上達につながるのです。

将棋は最後で間違えると負けてしまう厳しいものです。終盤をきたえるために詰め将棋をコツコツと解いていくといいでしょう。

# 第6章

# 詰め将棋&修了問題

## 羽生善治校長先生に挑戦だ!

最終日は、羽生校長先生からのレッスンだ。今まで先生に教えてもらったことを総復習。まずは、詰め将棋10問でウォーミングアップ。それから、羽生校長先生の出題する修了問題5問にチャレンジしてみよう！　きっと将棋が指したくなるよ。頑張ってね！

# 詰め将棋と次の1手で問題で総まとめ

## まずは、詰め将棋で準備運動をしよう！

——いよいよ、将棋学園の最終授業だよ。この1週間みんなよく頑張ったね！

将男「ドキドキするなぁ」

将子「わたしも！　だって問題解けなかったどうしようかなと考えちゃうんだ」

——大丈夫だよ。今日はみんなのあこがれの羽生善治校長先生から、直接教えてもらえるからね。

将男「でも、難しい問題だったらどうしよう……」

——大丈夫、安心してね。問題は、次の1手といって、自分なら何を指すかを考えて1手だけ答えればいいんだ。それから羽生先生は優しいから、候補手を3つ用意してくれる。そのなかから1手を選べばいいよ。

将子「そうか、それならなんとかなりそう。でも、きちんと考えないとだめね」

——そうだね。では、羽生校長先生を呼ぶ前に、まずは詰め将棋で準備運動をしよう。先生が出題する次の10問にチャレンジしてみよう！

将男・将子「先生、お願いしま～す！」

## 第1問（3手詰め）

——持ち駒を打って、頭金を狙おう！

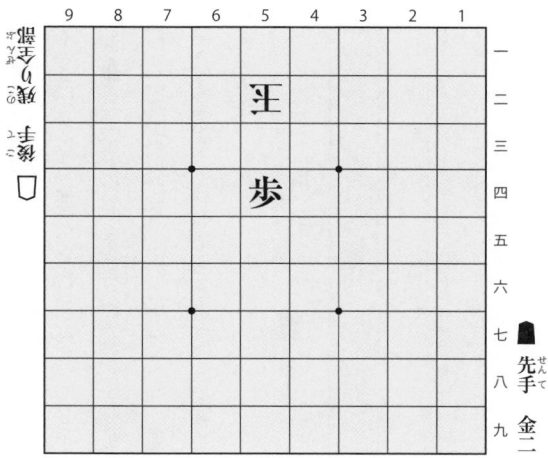


## 第2問（3手詰め）

——どちらの持ち駒を先に打つかが大事だよ。

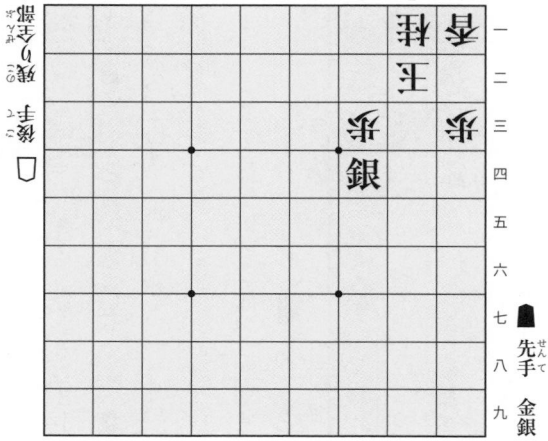

## 第1問　解答と解説

▲5三金、△4一玉▲4二金打ちまでの3手詰め。初手は、▲5三金と打ちます。△5一玉なら、▲5二金打ちで詰み。△6一玉と逃げても、▲6二金打ちで詰みます。これでも正解です。頭金は詰めの基本です。

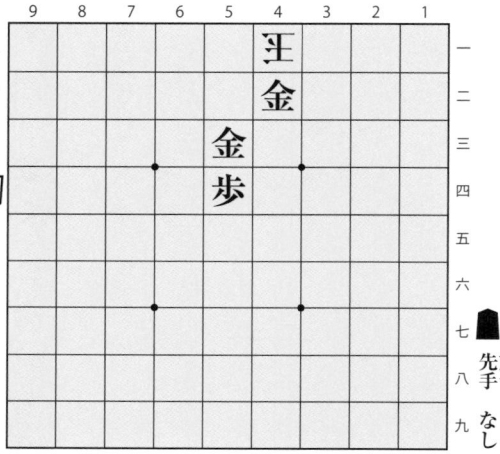


## 第2問　解答と解説

▲2三銀打ち、△3一玉▲3二金までの3手詰め。これは先に▲2三金と打つと、△3一玉、▲3二銀と打っても、△4二玉と上がられ、その後▲4三銀成と王手をしても、△5一玉と逃げられてしまいます。これも最後に頭金を狙う問題でした。

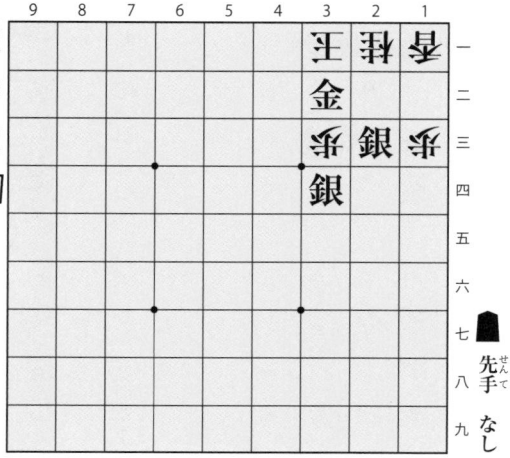

## 第3問（3手詰め）

——今度は飛車をパワーアップさせて詰ませよう。相手は合駒があるよ。

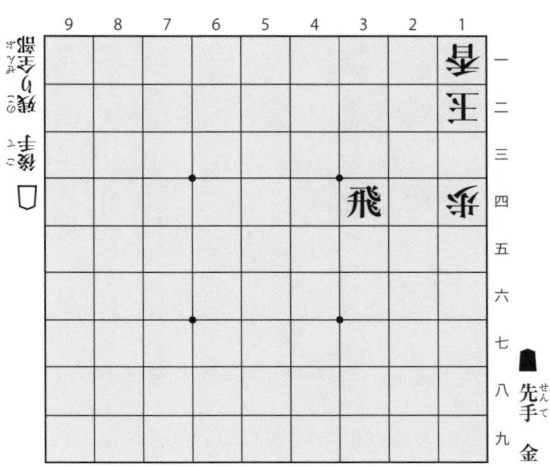


## 第4問（3手詰め）

——今度は竜で詰ませてみよう。どこに動かしたらいいかな。

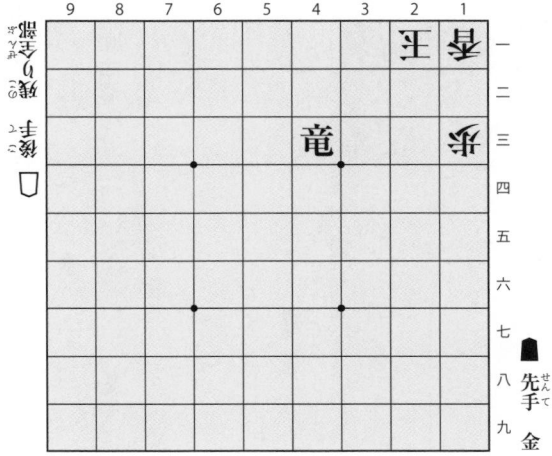

## 第3問 解答と解説

▲3二飛成、△2二合駒金、▲2三金までの3手詰め。飛車を成って竜にして玉を詰ませます。二手目、△1三玉と逃げると、これも▲2三金で詰みですので、持ち駒を使って合駒をしますが、これも▲2三金で竜と金の力で詰んでしまいます。

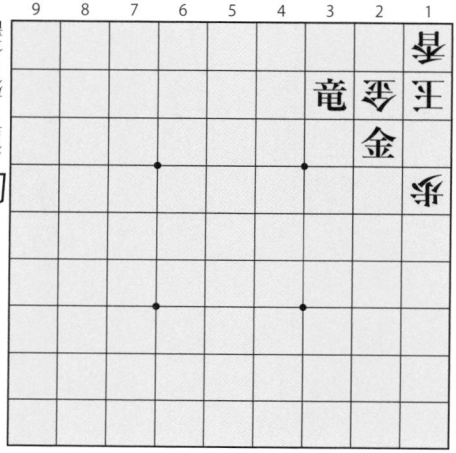


## 第4問 解答と解説

▲2三竜、△2二合駒金、▲3二金までの3手詰め。今度は竜を縦に使います。初手▲4一竜と王手をすると、△3一合駒で▲3二金としても、△1二玉で詰みません。

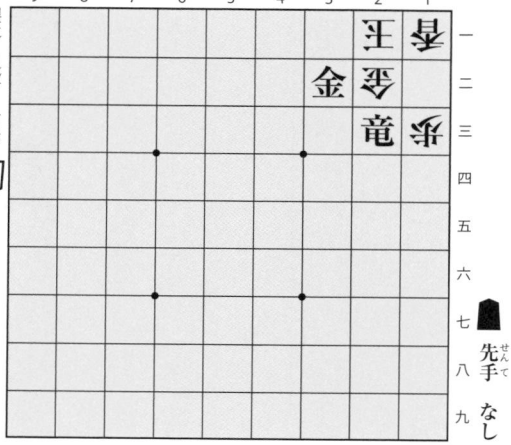

## 第5問（3手詰め）

——今度は飛車を活用してみよう。どこから打つといいかな。

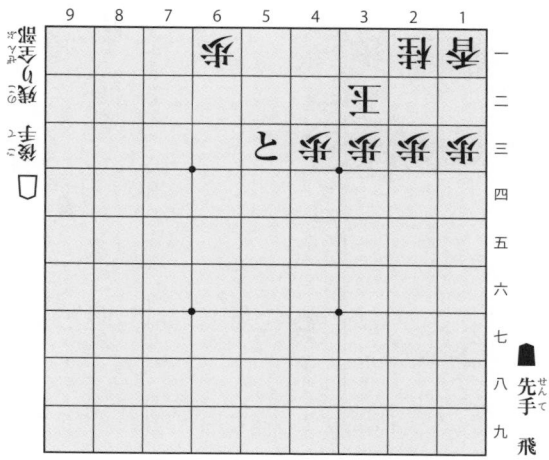


## 第6問（3手詰め）

——角を活用して詰ませてみよう。どこから打つといいかな。

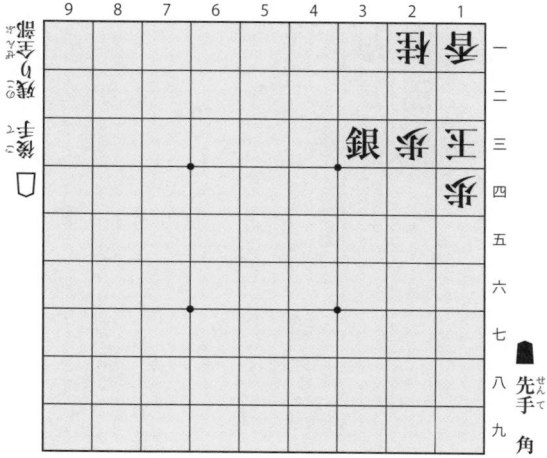

## 第5問　解答と解説

▲5二飛、△3一玉▲4二飛成までの3手詰め。初手▲4二飛とすると、△3一玉としたときに詰まなくなります。飛車の特徴を最大限に使った問題でした。

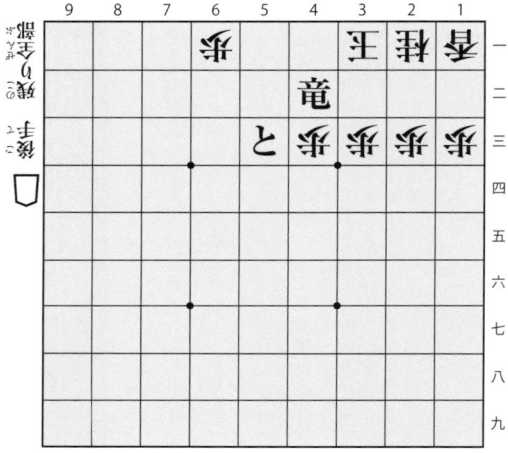


## 第6問　解答と解説

▲3一角、△1二玉、▲2二角成りまでの3手詰め。これは角の活用の問題。初手▲2二角とすると、△1二玉のとき困ってしまいます。角を離して打って、馬にします。なお、2手目、2二に合駒をするのはタダで取られてしまいます。これを「無駄合い」といいます。

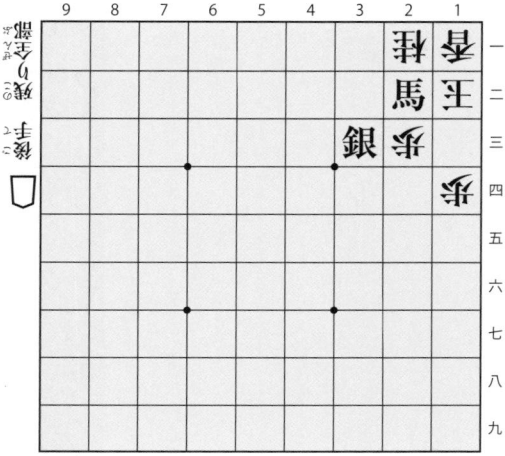

## 第7問（3手詰め）

——今度は、桂と金のコンビで詰ませてみよう。どっちを先に打つかな。

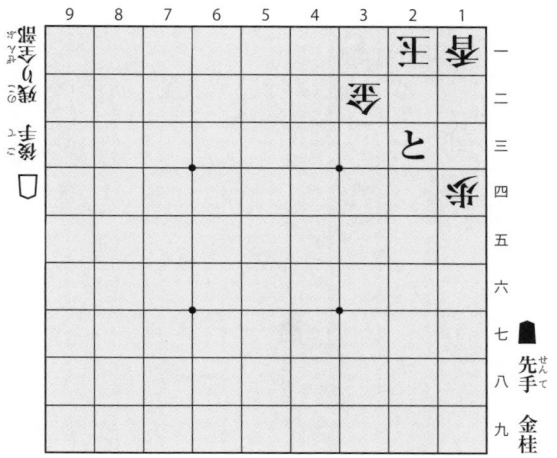


## 第8問（3手詰め）

——今度は、銀と桂のコンビで詰ませてみよう。

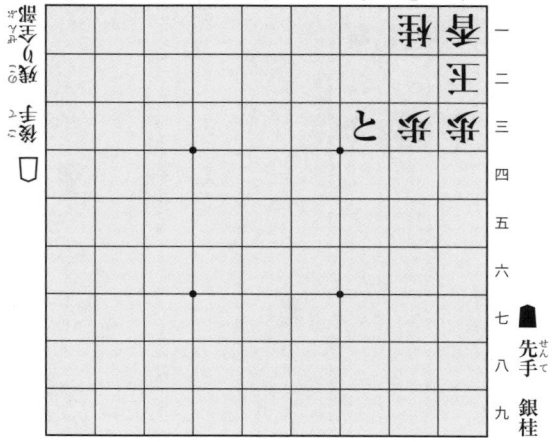

## 第7問　解答と解説

▲3三桂、△同金、▲2二金までの3手詰め。2手目△4一玉なら▲5一金で詰み。これも正解です。桂と金のコンビネーションで詰ます基本手筋です。

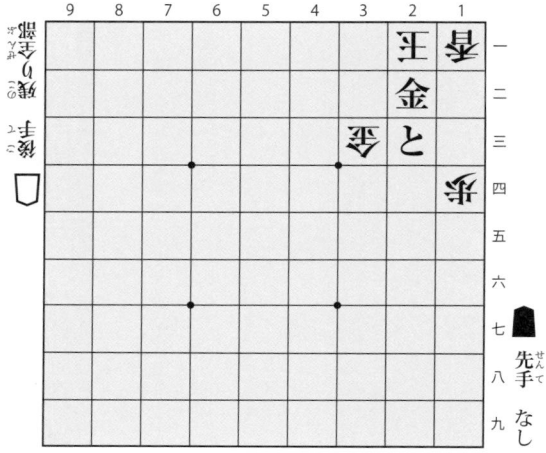


## 第8問　解答と解説

▲2四桂、△同歩、▲2三銀までの3手詰め。これは桂と銀のコンビネーションの問題。桂を捨てて、銀で王手をする隙間をつくることで、2三の地点を空ける問題でした。

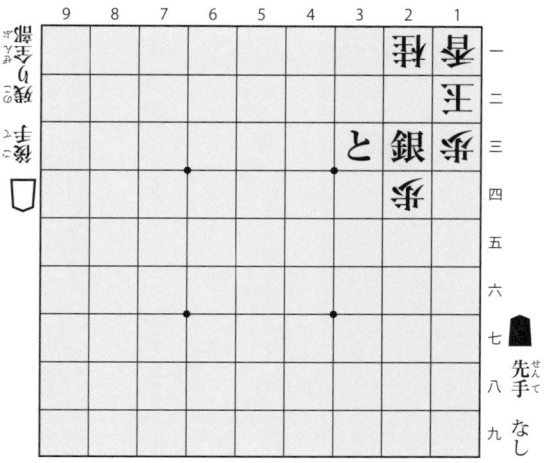

## 第9問（5手詰め）

――持ち駒に、飛と金があるね。どちらを捨てるか考えよう！

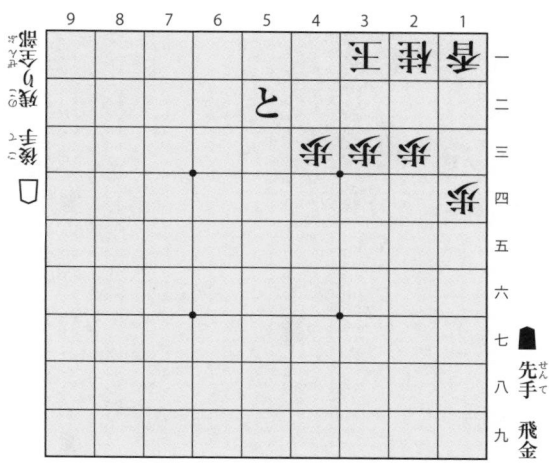


## 第10問（5手詰め）

――詰め将棋も最後の問題。ヒントは、逃げ道に捨て駒をしてみよう！

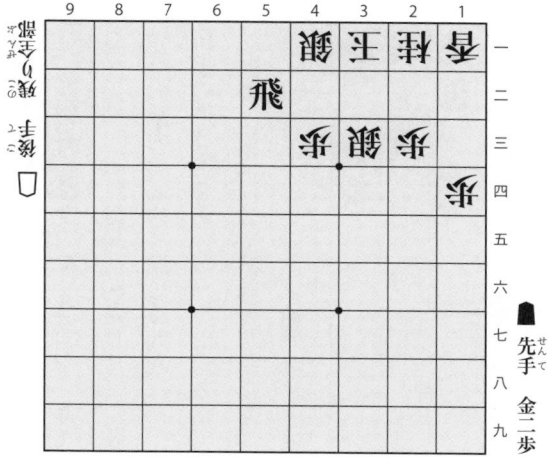

## 第9問　解答と解説

▲3二金、△同玉、▲4二飛、△3一玉▲4一とまで5手詰め。これは金を捨てることで、飛の力で玉を逃がさないように攻める問題。初手に飛車を使って王手をすると、王様を2二へ逃がしてしまい詰みません。




## 第10問　解答と解説

▲2二金、△同銀、▲3二歩、△同銀、▲4二金までの5手詰め。これは持ち駒を捨てて、相手陣の銀の守りの威力を弱めて詰める問題。初手金を捨てて相手の逃げ道を防いで、歩をうち捨てて銀の守りを弱め、最後は金で詰みとなります。

# 修了問題①

玉将

羽生「おはようございます。羽生善治です。みなさん、この1週間、先生に将棋の面白さを教えてもらったね。すぐにでも将棋が指したいでしょう？　その気持ちが大事だね。では早速、問題を出します。すべて校長先生が対局した棋譜からの出題です。でも安心してください。3つのなかから、どれがよさそうかを**少しでも先を考える＝読んで指し手を選んで**ほしいんだ。**ちょっと考える＝読みを入れることが**将棋の力がつく近道だからね！　では、第1問」

昭和60年4月5日
東京都将棋会館
第8回若駒戦
先手　羽生善治　二段
後手　高田尚平　二段

羽生「これは、奨励会二段のときの対局です。今、後手が**6二角**と引いたところです。さて、問題、先手の次の手はどうするのがいいでしょうか。囲いに大切な駒を入れてください。次の3つから選べます」

① ▲6九玉
② ▲8八玉
③ ▲8八銀

## 修了問題① 解答と解説

正解は、②▲8八玉です。

先手の囲い、後手の囲いともに矢倉囲いです。これは相矢倉の戦いです。金銀3枚で囲った部屋に、いちばん大事な駒＝玉を入れましょう。②を選んだ人は、10点ゲットです。

①の▲6九玉は、せっかくの矢倉の囲いから遠くなってしまうので残念。でも、相手の攻撃が迫ってきたときは、このように逃げることもあるので5点をあげましょう。

③の▲8八銀は、囲いのなに玉が入れなくなっています。「壁銀」といって、あまりいい形ではありません。でも次に▲7七桂として、▲8九玉と入れば立派な囲いになるので、5点あげましょう。

# 修了問題②

羽生「第1問目は、どうでしたか？　矢倉囲いに玉を入れることで、次の攻めが安心してできます。では第2問にいきます」

昭和61年1月31日
東京都将棋会館
第63期王将戦
先手　宮田利男
後手　羽生善治

羽生「これは、プロ公式戦のデビュー戦。まだ中学生だったからとても緊張してました。でも対局が始まったら、次第に落ち着いて指すことができました。みんなも緊張をしたときには、背筋を伸ばして、深呼吸して気持ちを落ち着けてみよう。

さて、本当は校長先生が後手だったけれど、分かりやすいように、局面は先後逆になっていますので、先手側の手を考えてください。

今▲6四馬と、銀を取って、△同銀としたところです。

ヒントは、持ち駒を使って**両取り**を狙ってみよう」

玉将

① ▲7一銀
② ▲7三銀
③ ▲7四桂

▲先手　銀二桂二歩二

| | 1 | 2 | 3 | 4 | 5 | 6 | 7 | 8 | 9 |
|---|---|---|---|---|---|---|---|---|---|
| 一 | | | と | | | | | | 香 |
| 二 | | | 金 | | | 王 | | 飛 | |
| 三 | | 歩 | | 金 | | | | | |
| 四 | 歩 | | 歩 | 歩 | 歩 | 銀 | | 桂 | 歩 |
| 五 | | 歩 | | | | | | | |
| 六 | | | 香 | | 歩 | 歩 | 歩 | | |
| 七 | | | | 歩 | | | 金 | 歩 | 歩 |
| 八 | | | | | | | 金 | | 玉 |
| 九 | 香 | | 角 | | | 銀 | | 桂 | 香 |

△後手　飛角歩二

ません。これは3点。

**修了問題②　解答と解説**

正解は、③▲7四桂です。

これで、王手と飛車の両取りです。これを「王手飛車（取り）」がかかったといいます。

これから実戦では、△5三玉、▲8二桂成として、飛車を使って公式戦初勝利になりました。

③を選んだ人は、10点ゲット。

①の▲7一銀も王手飛車取りです。でも、△同玉と取られてしまいます。もし、7一になにか味方の利きがあればこれも両取りですので、5点あげましょう。

②の▲7三銀も王手と飛車取りと銀取りです。でもこれも△同玉や△同銀と取られるといけ

## 修了問題③

**玉将**

羽生「第2問目のように両取りがかかると気持ちいいですね。でも、プロはわざと王手飛車をかけさせることもあります。将棋は、飛車を取るのが目的ではないから。では、第3問にいきます」

平成元年12月26、27日
東京都　東京グランドホテル
第2期竜王戦七番勝負第8局
先手　羽生善治
後手　島朗

羽生「これは初めてのタイトル戦竜王位を獲ったときの対局。七番勝負は途中、持将棋（引き分け）もあり、ここまで3勝3敗1持将棋で、第8局となりました。局面をみると、先手の校長先生が途中の手順で、一度飛車を▲2五飛車と浮いて、その後▲2八飛と引いています。この戦法は角をお互いに持ち合っているので、角換わり、そして後手の銀を見ていると、歩の上に腰掛けています

①▲5六銀
②▲5六歩
③▲6六銀

▲先手　角歩

| | 9 | 8 | 7 | 6 | 5 | 4 | 3 | 2 | 1 |
|---|---|---|---|---|---|---|---|---|---|
| 一 | 香 | 桂 | | | | | | 桂 | 香 |
| 二 | | | | | | | 金 | | |
| 三 | | 歩 | 歩 | 歩 | 歩 | 歩 | 銀 | 歩 | |
| 四 | | | | | 銀 | | 歩 | | 歩 |
| 五 | | | | | | 王 | 金 | | |
| 六 | | 飛 | | | 金 | | | | |
| 七 | | | | | 歩 | 銀 | | | 歩 |
| 八 | | 桂 | 歩 | 歩 | | 歩 | 歩 | | 歩 |
| 九 | 香 | | 銀 | 玉 | 歩 | | | 飛 | 香 |
| | | | 金 | | | | | | |
| | | | | | | | | 桂 | 香 |

□後手　角歩

## 修了問題③　解答と解説

正解は、①▲5六銀です。

お互いに相手と同じように、銀を腰掛けます。相手の出方によっては▲4五銀と出たり、▲3七桂と跳ねて桂馬を活用したり、▲4五歩とついてから、▲4六角と打って相手の飛車を狙う指し方もあります。正解した人は10点。

②の▲5六歩は、ちょっと危険な手。相手に角があるので、すぐに△3九角と打たれて、▲3八飛としても、△8四角成と馬をつくられてしまいます。ですから、3点。

③の▲6六銀も、6七の上に腰掛けていますが、腰掛け銀という場合は、5筋の歩の上に銀が置かれた状態のことをいいます。この場合は、勢いがあるのですが、少し8筋が弱くなってしまい、△6五歩とつかれると

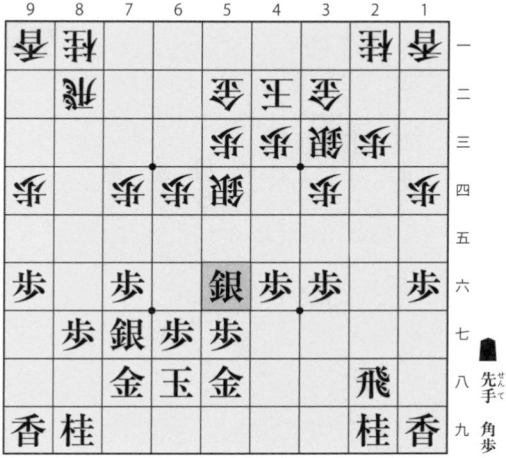


また、▲7七銀ともどることになるので、少し損な意味があります。でもわざと△6五歩とつかせる高等戦術の意味もあるので、5点です。

## 修了問題④

羽生「さて、3問目の角換わり腰掛け銀の対局の続きが次の問題です」

平成元年12月26、27日
東京都　東京グランドホテル
第2期竜王戦七番勝負第8局
先手　羽生善治
後手　島朗

羽生「あの腰掛け銀から駒組みが続いています。よくみると駒台にあった両方の角が自陣に打たれています。お互いけん制し合っているのがわかるでしょう。

玉将

さて、駒組みの進展の問題です。さて、次の手である囲いができあがりますが、さて、どの駒を動かしたらいいでしょうか」

① 4六金
② 6七銀
③ 6八飛

## 修了問題④　解答と解説

正解は、②▲6七銀です。

この囲いは、銀矢倉です。普通よく使われるのは、この6七の位置に金がある金矢倉です。相手が2二の角で6筋を狙っているので、▲6七銀はそれを受ける意味もあるのです。10点です。

①の▲4六金は、力強い手です。5六銀と金と3七の角で5五の地点を狙っているのです。でも少し危険でもあります。たとえば、△6五歩と攻められ、守りが2枚で少し弱いです。5点です。

②の▲6八飛は、6筋を守りながら攻めようとしています。

でも、これも飛車と玉が近づいているので、少し危険です。5点です。

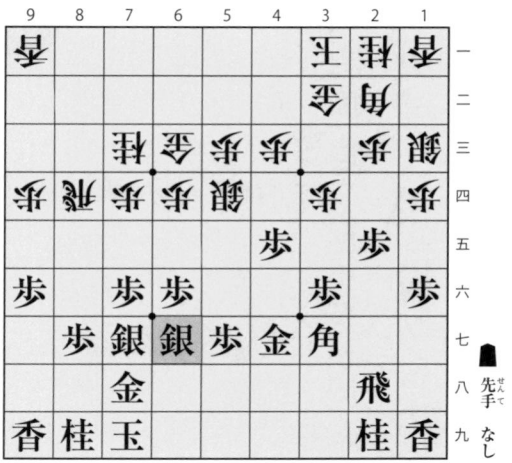

# 修了問題⑤

羽生「修了問題も最後です。ラストは、名人戦からの出題です。初めての名人戦は今でもよく覚えています。名人戦などタイトル戦では、両者が羽織袴で2日間かけて行います。さて、次の問題はその第1局の1日目序盤からの出題」

平成6年4月11、12日
岡山県倉敷市　芸文館・藤花荘
先手　羽生善治
後手　米長邦雄

羽生「振り駒で先手番になって、5五の位を取った中飛車、**5五位取り中飛車**を採用しました。今後手が4三銀としたところ、戦いの前に何かしなくてはならない手はなんでしょう？」

① **4五歩**
② **3八銀**
③ **1八香**

玉将

先手なし

| | 9 | 8 | 7 | 6 | 5 | 4 | 3 | 2 | 1 |
|---|---|---|---|---|---|---|---|---|---|
| 一 | 香 | 桂 | | | | 金 | | 桂 | 香 |
| 二 | | 飛 | | | 金 | | 玉 | 角 | |
| 三 | 歩 | | | 銀 | 歩 | 銀 | | 歩 | 歩 |
| 四 | | | | | 歩 | | 歩 | | |
| 五 | | | | | 銀 | 歩 | | | |
| 六 | | | 歩 | | 歩 | | | | |
| 七 | 歩 | 歩 | 角 | 歩 | | | 歩 | 歩 | 歩 |
| 八 | | 桂 | | 金 | | 金 | 銀 | 桂 | 香 |
| 九 | 香 | 桂 | | | | | | 玉 | |

□後手なし

## 修了問題⑤　解答と解説

正解は、②▲3八銀です。

美濃囲いを完成させましょう。このあと、6九の金を相手の攻め方によって、7八金としたり、飛を移動したあと、▲5八金から、▲4七金と高美濃を目ざすようにしていくことが振り飛車の戦い方です。覚えておきましょう。10点。

①の▲4五歩もなかなかの手です。以下、△同歩、▲同銀、△4四歩、▲5六銀となったとき、1歩を手駒にできます。でも、開戦前に自陣の整備をしっかりしてから戦うことをまずは覚えておきましょう。8点。

③の▲1八香は、穴熊囲いを目ざす手です。でも、よく相手を見ていないと、穴熊ができるまでに攻めの体勢を整えられる可能性もあるので、この場合は次善手となります。これは3点。

先手は5筋の位をとるのに歩を突いて、銀を5六まですすめて手をかけているので、この場合は1手で自陣が引き締まる3八銀が最善手となります。

詰め将棋①～⑩をしてきた人は、ボーナスポイント50点。そして、修了問題①～⑤問で合計100点満点です。最終問題まで何点とれましたか？

**100点**……素晴らしい！

**99点～90点**……もう将棋のコツがわかっているから、これからは実戦を重ねていくといいね。

**89点～80点**……将棋のセンスがあるね。できなかった問題をもう一度解いてみると自信になるよ。

**79点～60点**……将棋の基礎はできているので、あとは詰め将棋や次の一手問題を解いてみたらいいね。実戦で強い人に教えてもらうといいです。

**59点以下**……チャレンジしたことが偉い！　もう一度、最初から本を読み直してみましょう。きっと、再チャレンジすれば、点数がアップするよ。

80点以上で合格だよ！

修了証を差し上げます。本当に先生と一緒によく頑張りましたね。おめでとう！

将棋学園卒業だよ！

**将棋学園　修了証**

さん

あなたは、この一週間将棋学園での勉強を大変よくできました。将棋の歴史、マナー、ルールを学び、そして将棋の技術も身につきました。対局をたくさんしてください。ここに将棋学園の課程を修了したこと賞します。

年　月　日

将棋学園

校長　羽生善治

先生　安次嶺隆幸

# 将棋用語解説

将棋には、専門用語がたくさんあります。ここでは、本書のなかで使用した用語を詳しく解説しました。ぜひ、覚えておこう！

## あ行

### 合駒

大駒（飛車や角）や飛び道具（角や香車）で王手されたとき、駒と駒の間に、その王手を防ぐため、打つ駒のことをいう。合駒で詰みを逃れたりすることも多い。

### 悪形

駒と駒の利き（動きの出来る場所）がお互いに効率の悪い陣形のことをいう。ひとつの駒が取られても、その駒に利きがある場合はいいが、一方だけの利きの場合は悪い形＝悪形となる。

### 頭金

詰めの基本の形。金や成駒（成銀、成桂、成香、と金）で、王手されたときに王様がどこにも動けない詰みの形。

### 穴熊囲い

将棋で最強の囲いといわれる。居飛車の穴熊は「居飛車穴熊」、振り飛車の穴熊は「振り飛車穴熊」と呼ばれる。囲いに手数がかかるのが弱点。

### 居飛車

飛車を前の歩をついて、攻めの体勢を整える戦法。飛車の位置を変えないで銀、桂、香、歩と協力して攻めの布陣を築く。

### 上手

両者の棋力（実力）に差があるときの上位者のこと。駒を落として指す、駒落ちで指すときは、駒を落とした上手側が先手で指す。

### 王手

次に、王様を取りますよという手。自陣の駒の利きで敵陣の王将を狙う手。王手には相手が、逃げる、取る、合駒するなど必ず対応することになる。「王手」と声に出していう必要はない。

**大駒**

飛車と角行のこと。裏に成って、竜王（竜）、竜馬（馬）でも大駒という。駒の大きさ自体も他の小駒（歩、香、桂、銀、金）より大型である。

## か行

**囲い**

王将を守る陣形のこと。将棋は、王将を詰ませることが第一の目的。したがって、囲いが堅い方が最後の詰みを逃れることが多い。しっかりと囲いを築いて王将を守ることで、攻めにも威力を発揮する。

**感想戦**

将棋が終わったあとの反省会、検討会。プロ棋士は毎局、この感想戦をする。最善手（指し手のいちばんいい手）を感想戦で確認をすることと、そのときの自分の気持ちを振りかえることが次の対局につながる。

**利き**

駒の移動できる範囲、マスのこと。その駒の移動範囲がどこまで届いているか、常に気をつけながら指し手を進めて行くことが大事。

**棋士**

将棋を指すことを仕事にしている人を（プロ）棋士という。棋士になるには、年少期にアマチュア高段者になって、奨励会（プロ養成機関）に入り、そこからプロの四段を目指す（アマチュアの段とプロの段は違う）。

**棋譜**

将棋の記録のこと。盤面81マスを1一～9九まで位置を決めて、それぞれの駒を先手、後手に分けて書いたもの。これがあれば対局を再現できる。

**逆王手**

王手をかけられたとき、それを防ぐ合駒などで、逆に王手を返す技のこと。終盤の玉と玉が接近したときに多く出現する。角や桂を合駒に使って逆王手を狙うことも多い。

**銀冠**

王将の頭（上）に銀が移動した形。美濃囲いから発展して、王将の脇の銀がナナメ上に移動して銀冠になることが多い。上部に強い、バランスが取れた囲い。

**禁じ手**

二歩や行きどころのない駒を打ったり、王手に対応しなかったり、2手続けて指し手をしてしまったなど、将棋で禁止されている手のこと。

**小駒**

歩、香、桂、銀、金をいう。大駒（飛車、角行）に対して使われることが多い。小駒を活用して成り駒をつくることが将棋の勝利へのセオリーである。

**後手**

先手（先に指す）人に対して、次に指す人をいう。また、「後手を引く」という表現で、相手の指し手に対応するだけのときにも使う。

**駒損**

駒の価値（それぞれの駒の持つ性能）が交換されたときに、自分の方がマイナスになってしまうこと。特に序盤で駒損をしてしまうと、中終盤に向けて不利となる。しかし、終盤は駒の損得よりも速度が重視される。これが将棋の奥深さと面白さとなっている。

## さ行

**指す**

将棋は「打つ」ではなく、「指す」という。駒台から駒を使うときだけは「打つ」という。将棋は、駒を指で滑らせるようにマス目にきちんと置く＝指すことが上達にもつながる。

**持将棋**

双方の玉がお互い入玉して相手陣地に入り、玉が詰められない状況になったときに、そのときの駒の点数で引き分けになることをいう。王将をのぞいた状態で、大駒1枚5点、小駒1枚1点として合計24点以上であれば持将棋が成立する。

**下手**

上手（上位者）に対して、下位者のこと。駒落ち将棋で駒を落としてもらって指すときにも、下手という。そのときは、上手が先手番で下手が後手番となる。

**終盤**

将棋の最後の戦いをいう。将棋は、序盤（それぞれの陣形を整える）、中盤（戦いの攻め守り）そして、終盤（王将を詰ませる）の大きく3つの場面がある。

**定跡**

将棋の基本戦術。長年棋士が、その道筋を築きあげてきた先手後手の最善手をつなげた指し手のこと。しかし、時代と研究によってその定跡も変化がある。

**初形（初型）**

将棋を指し始める初めの形のこと。歩が自陣の最前線で並び、その後方に飛車、角行の大駒、最後方に王将、金将、銀将、桂馬、香車がひかえる。

**序盤**
指し初めの、お互いが囲いと攻めの体勢づくりの段階ことをいう。序盤で大切なことは玉の囲いと大駒を中心とした攻めの体勢づくり。

**先手**
初めに指す手番のこと。そのあとの手番のことを後手という。先に攻めの手をつなげていくことを「先手をとる」ともいう。

**千日手**
同じ局面が4度繰り返され、同じ指し手が出現したときに、先後交代で指し直しとなることをいう。この場合、連続王手の場合は王手をしている側が指し手を変えなければならない。

**戦法**
将棋の戦術の形。矢倉戦法、振り飛車穴熊戦法など、囲いと戦術が一緒になって戦法といわれることもある。攻めと守りの形や布陣をいう。

## た行

**対局**
将棋の勝負、試合のことをいう。将棋は1勝負、1試合ではなく、1局と数える。

**中盤**
将棋の駒を交換し合ったり、持ち駒を打ち合ったりする攻防の時期をいう。特に中盤は、これから終盤に指しかかるとても大切な攻防。

**詰み**
将棋の最後の形。王将が動けない形をいう。詰みが見えたときは、その前に投了（負け）を宣言することも多い。

**詰将棋**
将棋の最終盤の詰めの形に特化した形。王手の連続で相手の玉を詰めるパズルだが、終盤の力を養ういい練習になる。

**手損**
駒を何度も同じ場所に繰り返して手を使うこと。序盤における手損も、大きな陣形整備のマイナスになる。最近ではわざと手損する一手損角換わり戦法という高度な戦術も出てきた。

**投了**
相手に自分の負けを宣言すること。「負けました」と相手にお辞儀をして投了を伝える。自分の気持ちを折りたたんでしっかりと投了することが大切。

## な行

**成る**
敵陣で駒が裏になって、成り駒になることをいう。

**二歩**
禁じ手。同じ筋（縦）に持ち駒の歩を打つとき2枚になってはいけない。二歩を打った時点で負け（投了）となる。

## は行

**平手**
双方各20枚の駒を落とさずに、対等に対局すること。普通、対局は平手で行う。実力差があるときは、上手が駒を落として下手と戦うときは駒落ちという。

**不成り**
敵陣で成れる駒をわざと成らないで、使うことをいう。銀の不成りや桂の不成りは多くの実戦で使われる。「ならず」とも読む。

**振り駒**
将棋の先手、後手を決める方法。盤上で歩を5枚振って、表の歩が多ければ振った人が先手番となる。

**振り飛車**
飛車の位置を右から左に移動して（振って）使う戦術。その分玉を右に囲いやすくなる。飛車と角が近くになり、攻めと守りの陣形がわかりやすい。

## ま行

**美濃囲い**
玉を銀と金2枚で守る囲いの一種。発展性がある囲いで、美濃囲いから、高美濃、銀冠などと進化しやすい。

**名人**
将棋の伝統ある称号が名人位である。名人位を5期つとめた人は永世名人の称号を受ける。

**持ち駒**
取った駒のこと。日本将棋は取った相手の駒を自分の駒と使う＝再利用するとても優秀なゲーム。駒の再利用が将棋をとても複雑に、かつ面白くさせている。

## や行

**矢倉囲い**
将棋のとても美しい囲いのひとつ。特にお互い居飛車（相居飛車）のときに使われる囲い（相矢倉）である。将棋の囲いで長く指し継がれている形である。

## ら行

**両取り**
一度に2つ以上の利きで駒が取れる状態をいう。桂や角行、飛車などで両取りをかけることが多い。

監修

## 羽生　善治（はぶ　よしはる）

1970年埼玉県所沢市生まれ。二上達也九段門下。1985年、プロ四段になる。史上３人目の中学生棋士。1989年に初タイトルとなる竜王を獲得。1994年Ａ級初参加で名人挑戦者となり、第52期名人戦で米長邦雄名人を破って初の名人に。将棋界の記録を次々と塗り替え、1996年には谷川浩司王将を破って、前人未到の七冠独占を達成。十九世名人の永世称号獲得。2014年には４人目となる公式戦通算 1,300勝を史上最年少、最速、最高勝率で達成。2017年、第30期竜王戦を制し、すでに保持していた永世名人、永世王位、名誉王座、永世棋王、永世王将、永世棋聖を合わせ、「永世七冠」の資格を獲得し、「国民栄誉賞」を授与される。最近は将棋界だけでなく、AI知能との未来についての対談・取材を精力的にこなす。広く財界の人々との対談からその考え、生き方を広めていく活動も続けている。将棋界のスー パーヒーローである。現在は創立100周年の「日本将棋連盟会長」も務めている。

著

## 安次嶺　隆幸（あじみね　たかゆき）

1962年埼玉県所沢市生まれ。明星大学人文学部心理・教育学科教育学専修卒。1984年東京・私立暁星小学校に着任。私学教育研究会（あいすの会）主宰、将棋ペンクラブ会員。「若手教師が学ぶ教師としての生き方」「学級づくりパワーアップセミナー」等、全国各地で教育講演。教師のための安次嶺教師塾をボランティア（zoom）で毎月開催。また、将棋では、中学１年のとき、第１回中学生名人戦出場。その後、プロの剣持松二九段の門下生として弟子入り、高校、大学と奨励会を３度受験。将棋の英春流アマ強豪の鈴木英春氏の直門弟子でもある。現在、公益社団法人日本将棋連盟の学校教育アドバイザーとして各地で「子ども将棋教室」を開催。アマ五段位。将棋の教育的意義の研究・普及に対して、第44回将棋の日「特別表彰」を受賞。主な著書に、『将棋を指す子が伸びる理由』『羽生善治の脳トレ１手詰め』（小学館クリエイティブ）、『将棋に学ぶ』『礼儀でまとめる学級づくり』（東洋館出版）など多数。現職、東京福祉大学教育学部教育学科　特任准教授。



参考文献:「日本将棋連盟指導者講習会資料」「将棋パンフレット」（公益社団法人日本将棋連盟）

本書は2017年刊行の『羽生善治監修　子ども将棋入門』の新装版です。
本書の内容に関するお問い合わせは、**書名、発行年月日、該当ページを明記**の上、書面、FAX、お問い合わせフォームにて、当社編集部宛にお送りください。**電話によるお問い合わせはお受けしておりません**。また、本書の範囲を超えるご質問等にもお答えできませんので、あらかじめご了承ください。
FAX：03－3831－0902
お問い合わせフォーム：https://www.shin-sei.co.jp/np/contact.html

落丁・乱丁のあった場合は、送料当社負担でお取替えいたします。当社営業部宛にお送りください。
本書の複写、複製を希望される場合は、そのつど事前に、出版者著作権管理機構（電話：03-5244-5088、FAX：03-5244-5089、e-mail：info@jcopy.or.jp）の許諾を得てください。
JCOPY ＜出版者著作権管理機構 委託出版物＞

新装版　羽生善治監修 子ども将棋入門
2024年 7 月15日　初版発行

監修者　羽生善治
著者　安次嶺隆幸
発行者　富永靖弘
印刷所　株式会社新藤慶昌堂

発行所　東京都台東区台東2丁目24　株式会社　新星出版社
〒110-0016　☎03(3831)0743

© SHINSEI Publishing Co., Ltd.　Printed in Japan

ISBN978-4-405-06584-0